書名頁請套封面

前言

在我指導的「幸福科學」中，做為會員的資格，即是每日自己必須有著探究正心的意欲。因此，為了努力達成這個目標，有關於「心的探究」的基本書籍是必要的，本書就是為了此目的而編寫的。

本書闡述了關於「心」的內容，在某種意義上，它既可以當成入門書，亦可以做為高級教材。一般而言，本書的內容很適合做為中級教材使用。

當各位面對「幸福科學」龐大的真理體系，不知該如何進行整理，或是難以釐清思緒之時，若能夠將本書當成指南加以利用的話，那就再好不過了。

幸福科學總裁　大川隆法

Contents

心之探究

Contents

第三章 內心諸相

心之探究

Contents

第六章 心的力學

第七章 心的實相

心之探究

Contents

第一章 何謂「正心」

心

1．思考人心的機能

本章的主題是「何謂正心」，在此，我認為首先必須再次從根本上追溯、並探究「人心」。

一日二十四小時，除去八小時的睡眠時間，我們醒著的時間有十六小時。在這十六個小時當中，從早到晚有各種各樣的念想浮上心頭。當然，對於從不認真思考之人來說，如此的念想，不過就是閃念而已。但對於那些多少會從文學、哲學、甚至是宗教的角度，進而窮究事物之人而言，徘徊於心間的這些念想，就絕非僅是浮想。

所謂「浮想」，就好比是川流不息的河水當中的泡沫。凡是河水流淌之處，皆會蕩起泡沫，但泡沫很快會被河流吞噬，接著在溪流之間又將湧起泡沫，隨之再度被河流吞噬。將每一日的時間之流與河川之流進行對照，亦將出現相同的情形吧！

然而，從那些能夠真正掌握人心的人來看，人心中的念想其實並非是如同於泡沫一般。

語言的表現形式各色各異，好比說有「深思」一詞，即「就某一個主題進行長時間思考」。只要累積一定程度的修行、鍛鍊，便能夠獲得這種能力。

然而能夠實踐「深思」的人，就比例而言，恐怕是少之又少。我想在一百人當中，也僅有兩、三人能做到吧！真正能夠思考的人，就算是在一杯咖啡的時間裡，亦可以思索，甚至思考各種各樣的事情。

有人在步行之時，雖非是禪宗中的步行禪，亦能夠做到一邊走路，一邊思考種種事情。

此外，還有人在通勤的電車上，或是跟別人講話之時，在極短的時間內，亦能如靈光閃現一般出現念頭，進而思考某件事情。

這些人可以說是非常理解人心的本質；我們一直被如此教導著，根據各人的不同體質，身體是可以越鍛鍊越強壯的。在運動項目當中，無論是棒球、游泳，或是馬拉松，亦能夠透過訓練相應地提高實際成績，這是眾所周知的事情。

然而遺憾的是，儘管人們長期與「心」為伴，但對於「心」的領域，卻常常等閒視之。自古以來，人們自以為從正面探究了「心」，但實際上卻常常只是在表面上摸索。

2．肉體是交通工具，名為「心」的司機才是主角

每個人皆能夠自由地掌控己心，這可稱之為「心的王國」。對於這個「心的王國」，每個人都持有自治權，並且憑靠自己來守護、憑靠自

己來治理。

如此的自治權是非常寶貴的，但是反過來看，由於他人無法干涉己心，因此不管己心處於何種狀態，他人亦是愛莫能助。

當我們走完這個三次元世界，或者說地上界、物質界的世間生活以後，肉體消失之時，即將進入靈界。在靈界中，「心」即是人的全部。在地上界時，既有稱為肉體的交通工具，亦有駕駛這交通工具的司機——心。但在離開地上界，前往靈界之時，心就是唯一的。除此之外，既沒有所乘的車，亦沒有所騎的馬。因此，「心」成了主角。

如此一來，雖然過去在乘車過程中，無法得知司機是何種人，但如今此人下了車，走出車外，誰都能夠清楚地看到此人的真實面貌。

換言之，當此人離開世間，回到實在界以後，所有的人都將能看到此人的姿態和人品等等。此人「心」的狀態，亦將會被任何人看穿，這在實在界是理所當然之事。

3．頭銜、知名度、外在美等，只不過是肉體即車子的外表

在這個三次元世界，即現象世界當中，由於司機正在駕車，外人只能夠透過擋風玻璃看到車中之人，因此無法得知此人到底為人如何。自由自在地開車當然是件好事，但有的司機遵守交通法規、規矩地駕車，卻也有人違反交通法規。所以說，究竟是怎樣的人在駕車，僅憑車中的樣貌是無法判斷的。

此外，路面上行駛著形形色色的車子，其中還有些是發生過事故的車。譬如說車子的保險桿凹陷了，或者是後照鏡破了，亦或是車體歪曲變形了等等。

看到這樣的車子，可以推斷「這車子似乎發生過相當嚴重的事故」、「這司機的駕駛技術好像不怎麼純熟」，或者是從車體上有著多處損傷、外表很髒等方面來看，可以推測「這個車主好像沒有保養車

子」，這些都是從外觀上就能明顯看出來的。然而，除了這些外觀特徵以外，對於車子的內部狀況是無法斷定的。

這個車子的外觀，用世間的角度來說，有時是指名片上的頭銜，有時是指收入的多寡，還有時是指外表的美醜、輪廓明晰的臉蛋、個子的高矮，或是身材的胖瘦等等。這些就好比是車子的外觀特徵，至於車中之人到底是怎樣的人，就不得而知了。

4．車子的外表雖重要，但司機的駕駛技術更要緊

如果看到有人開著一輛價值一、兩千萬日圓的高級車，那大概可以推測車主是有錢，或是有地位之人，要不然就是愛炫耀的人。如此，根

據車子的類型，能夠在某種程度上透視車主的性格。

不過，車子是車子，如果車主的駕車技術不純熟的話，那不管駕駛多麼高級的車，也沒多大意義的。此外，無論車子多麼豪華，如果駕車之人是一副窮酸相的話，當他一打開車門、走出車外，被大家一目瞭然看清時，難免會讓人大失所望。原以為開好車的人會是大公司的老闆，但當攔下那部車子，看到車中的人以後，他便立即被看穿了。

由此可見，人不能僅憑自己的外表，從而沉溺於自我滿足之中。人必須要磨練自己做為司機的駕駛技術，磨礪自己的人品，這將決定己心的走向。換言之，這即是心的駕馭、心的操控，以及心的作用。當然，對於車子的保養也很重要，但最關鍵的還是開車之人。

5．正確的駕駛技術——即持有正確的交通法規知識，掌握以此為基準的駕駛技術

那麼，到底何謂「正確的駕駛技術」呢？要如何駕駛才行？這即是本章的主題——「何謂正心」。

通常要想取得駕照，就必須到駕訓班上課，並實際練車。學滿二、三十個小時以後，首先要通過筆試，再通過路考，如此才能取得駕照。

首先須學習做為一門學科的交通法規，如果不瞭解交通法規的知識，認為闖紅燈也無所謂而任意行駛的話，那麼到處都將發生事故。因此，對於「紅燈停，綠燈行，黃燈要慎行」的規則，司機必須要謹記。發放駕照的前提條件，即是所有的司機都應熟悉交通法規。

總之，人們首先要學習共通的知識與規則，知曉如此的交通規則，方才是一種駕駛禮儀、駕駛技術。不論方向盤轉得有多靈活、油門踩得

有多快，或剎車踩得有多即時，如果不懂交通規則的話，此人就稱不上有好的駕駛技術，而反倒是非常危險的人物。假使放縱這種人的話，交通不但不會順暢，交通事故，或者說死傷的人數恐怕亦將有增無減。

從以上事例中可以得知，首先應持有正確的法規、交通知識，其次，要掌握以此為基準的駕駛方法、技術。這兩者是非常重要的。

如此一來，人們才能夠在漫長的人生道路上不斷前進。

6．交通規則的「公共性」

上一節當中所提及的觀點，相當於「人心」的哪個方面呢？對此，我想要做進一步詳細論述。

第一點是交通規則、交通法規，那到底是指什麼呢？我們必須慎重思考這個問題。

首先，如果沒有制定交通法規，司機都不知道交通規則的話，就不可能實現正確的駕駛。那麼，這個規則是什麼呢？既然稱之為規則，那它就必須帶有「公共性」。

在「心」的世界當中，「公共性」到底是什麼呢？要具備什麼條件，才能稱之為「公共性」呢？如果人們各執己見，堅持認為只有自己才正確的話，那麼這些都是「自私的念頭」，算不上是「公共的想法」。所以，「公共性」追根究柢是從擁有唯一權威的存在傳達出來的。

而如此擁有唯一權威的存在，即是人們長久以來一直在探求的「神」。

7．神的第一個定義——神是第一因

關於「神」的存在，自古以來有著各種各樣的研究、探索，然而，誰也無法給神下定義。雖然無法定義，但曾有人論述過「神即是第一因」。總而言之，萬事萬物皆有原因。譬如說，我們能夠活在人世，是因為有我們的父母，這就是我們存在的原因。如果探求父母的出生，那是因為他們亦有父母，他們的父母也有父母。如此進行探究，勢必總能找到「前者」。俗話說，「有果必有因」，果真如此的話，不斷地往前追溯下去，就應該會在某處找到「第一原因」。已經有哲學家、神學家證實了「這個第一因正是神」。

8．神的第二個定義——神是創造奇蹟的力量

此外，還有人認為「神，即是超越人感知的存在；神的聖業，即是引發各種奇蹟、靈性現象」。不管「神為何物」，總之被醫生放棄的病人，竟然能在一瞬間痊癒了，看到如此的結果，就知道其中必有某種力量在發揮作用，那即是神。換言之，「神」即是超越人類智慧的力量。

9．神的第三個定義——神是擁有崇高人格的人格神

在神的第三個定義中，神不再是含糊概念的存在，而是擁有人格的存在。譬如說，將耶穌基督稱為神，將宙斯、佛陀稱為神等等，逐漸有

了如此的定義。然而，由於不得不承認他們也還帶有人的屬性，所以說這種定義仍然不夠充分。

如果說「神，是創造這個大宇宙的存在」，那麼身為神的耶穌基督，為何要寄宿於一百七十公分的肉體，在世間度過三十三年的生涯，最後又被釘在十字架上呢？創造這個地球、大宇宙的神，為何要寄宿到人體中生活呢？這是很難解釋的事情。既然是神創造了地球和宇宙，那至少應該像《格列弗遊記》當中的小人與巨人一般，神的外型上像巨人也不足為奇吧？就算是生成奈良的大佛像那般，身高數十公尺的人，也並不奇怪啊！亦或是塑造一個可以將地球握於掌心的巨人神，也很正常啊！然而，「神，是以一個擁有父母的嬰兒誕生的」，伴隨著這個事實，人們對於「神」的看法也就變得複雜了。

從結論上來說，對於神的三個定義，即「做為第一因的神」、「具有引發奇蹟之力量的神」和「擁有超出常人的、崇高人格的人格神」，雖然有著不同的定義，但它們有個共通之處，那即是「崇高的」性質。「崇」字，是指「崇拜」的意思，換言之，承認超凡入聖者的存在，即為「崇」。「高」字，亦是同樣的意思，代指「非凡卓眾」。總之，帶有崇高性質的「神」，絕非是普通人，而是擁有著超乎人想像的力量之存在。

10・神的存在證明之一：世間萬物皆有著被創造的痕跡

做為第一因的「神」到底存在與否，人無法確切掌握。然而事實上，前面所講述的定義，亦是為了增強、並證明神存在的材料。從「有果必有因」的觀點來看，認為這個世界有一個創造者，這亦是合乎常識之事。

近年來很流行一種想法，即「這個世界是偶然形成的」，但在某種意義上，從長遠、宏觀的眼光來看，不得不說這種思維很異常。人能夠偶然形成嗎？人真的是從阿米巴原蟲偶然進化而來的嗎？

人，就好比是摩天大樓；人帶有著目的性的構造，譬如說要建造四十、五十層高樓等等。

然而，當今的進化論主流指出「人是透過偶然的連鎖反應形成的」、「人擁有現今的肉體和精神，皆是一連串的偶然形成的」。

這種論調就好比是說，水泥、沙子、石礫，或磚塊、鋼筋等等，這些材料自然滾動而來，再偶然經過風吹、雨打，水泥被攪成混凝土，然後又在不知不覺之中，搭上了鋼筋，而鋼筋亦是透過偶然發生的地震等自動搭建了起來。最終，摩天大樓就渾然天成了。

越是瞭解人的複雜構造，就會越清楚「人絕不可能是由這些材料偶然拼湊而成的」，人還持有著目的性。單看人體而言，諸如「人體是由

DNA（去氧核糖核酸）和RNA（核糖核酸）等遺傳因子的資訊系統構建的」等說法，在生物學上的確是得到驗證了。但如此的說法，亦不能夠完全地解釋人體。

人為何會遺傳父母的DNA、RNA等基因的資訊呢？而這些基因資訊，又到底是什麼呢？這是無法分析出來的。如果說「這些基因資訊是偶然遺傳的」，這種想法也太異常了。

用方才的例子舉證，那就好比是說「建成一棟五十層的高樓以後，如果將它的設計圖丟到窗外，旁邊就自然會建起同樣的大樓」。換言之，如果不去探究「為何有了基因資訊，就會出現相同的人體」這一奧秘本身的話，那種道理就根本說不通。因為高樓設計圖所掉落的地方，不可能自然形成大樓。要建立大樓，就必須有人看到那設計圖，進而建造才行，否則不可能建成。

因此，「神是第一因」的理論，是有其合理性的。世間萬事萬物，皆有著被創造的痕跡。不僅生物是如此，就連同礦物或各式建築物等無生物，亦存在著做為原因者的造物者。而這個造物者，即是做為第一因的神，如此想法可謂是合情合理。

11・神的存在證明之二：無法用科學解釋的現象存在著

很多現象常被人說成是偶然事件，但世間上還存在著為數眾多的非偶然事件。譬如說既發生過天降金粉的事件，亦出現過疾病瞬間治癒的事情，這些全都是事實，而且是無法用科學解釋的事實。

關於「心靈手術」的存在，雖不能說它可以百分之百地治癒疾病，但是既不用手術刀或麻醉藥等藥物，卻能夠透過靈性的原因、作用，治癒人的疾病。對於這些歷歷在目的事實，又該如何做解釋呢？

12·神的存在證明之三：名垂青史的偉人承認神存在的事實

在各種不同的時代，譬如說耶穌、釋迦、摩西等等，他們都是遠遠超越了常人的存在，這是事實。孔子亦是如此，於二千五百年間，震撼了東洋歷史的巨人，與那些同樣度過了六、七十年人生的普通人相比，他的貢獻實在太大了。

如今，日本的人口數量為一億兩千萬人，在這些人當中，有多少人能夠留名至兩千五百年後呢？同樣是度過幾十年的人生，同樣是一天二十四小時，每天的活動量亦同樣是有限的；然而，在如此有限的世界當中，卻有人能夠創造流傳千年的偉業，其特殊之處，正在於他們是崇高的、出類拔萃的。如此屹立的巨人，是真實存在的。

看到這些巨人，並得知他們本身亦承認超越自己的神之存在時，人們就只能去推測更深層的存在。而且，必須透過歷史上屹立的巨人、偉人，從而推測神的存在。如此一來，人們就不得不承認神的存在了。

13．正確的法規，即是神所賜予的教義

方才所講述的「交通規則」是指什麼呢？所謂「正確的法規」，即是神所賜予的教義。此外，要如何判定神的教義呢？

世上有過無數的思想家、哲學家、文學家、藝術家和宗教家，看

到如此百花繚亂的景象時，到底要如何分辨哪些是真實、哪些不是真實呢？我想這就是問題所在。如果不曉得哪些是正確法規的話，也就不可能遵守法規了。

在此，我想要明示如何分辨正確的規則，以及神所賜予的教義之基準。既然是真實的神之教義，那亦可稱之為佛法真理，或是「正法」。因此，如果能夠為「何謂正法、何謂正確教義」下定義的話，這個規則也就明朗化了。

14．正法的定義之一：符合先人的知性遺產

在此，我想為「正法」的定義列舉三個要點。第一點，即看清某

教義「是否為正法、是否為正確教義」的尺規，是「對照先人的知性遺產，檢視該教義是否包含著符合先人思想的、能夠為人信服的內容」。

最近才出現的教義，即便被認為是正確的，也還不能夠作定論。然而過去的思想，在某種程度上已經有定論了，這是不會動搖的。

譬如說，釋迦牟尼的功績，任誰怎麼說都無法動搖。這就好比是埃及的金字塔一般，堅如磐石。

此外，耶穌的功績亦已是定論。即便是無神論者，或不相信靈魂之人，如今也沒人會說耶穌是個瘋子。就算是非基督徒，或不相信靈魂之人，也不會說耶穌基督是個怪人。當然，對於基督徒或基督教派系所成立的新興宗教，很多人都持懷疑態度，但對於耶穌此人，是沒有人會認為他是瘋子的。然而，與耶穌生活於同時代的人們卻是這麼想的，因此把他釘在了十字架上。總之，新時代的教義總是難以被接受，但對於古代的教義，就能夠理解。

因此，所謂「正法的基準」，即是對照著釋迦、耶穌、蘇格拉底、摩西或孔子等人，那些已有定論的偉人所留下的人知性遺產，檢視該教義是否存在著重大矛盾，是否包含著能夠為人信服的、符合先人思想的真理？雖然說法不盡相同，但教義的本質是否是一致的？這是我們必須檢視的地方。隨著時代的變遷，教義的說法或許會改變，但若本質也有變化的話，那就稱不上是神所賜予的教義了。這即為「正法」的第一個定義。

15．正法的定義之二：伴隨著某些超乎人智的現象

第二點即是，「正法」總會伴隨著某些超乎人智的現象。不論是耶穌、釋迦、摩西，或是穆罕默德，他們之所以成為各個時代的傑出偉人，就是因

為展現了超乎常人想像的事蹟。並且，伴隨著某些無法透過現代的知識、科學進行證明的現象，即奇蹟現象，這亦是認定「正法」的材料。

神將這些偉人送到世間，透過他們講述教義，因此為了支持他們的教義，神必然也會給予各種援助。神沒有不援助的道理，神所給予的援助，就是提供材料來證明這些偉人們在講述著真實的教義。換言之，即是為他們提供武器。這武器有時是指靈言，有時是指靈視、靈聽，或者是顯現為透視三世的能力等等，透過各種超能力表現出來。總之，神為了傳佈自己的教義，從而派遣出特選之人時，就必然會給予他們某些援助。

16・正法的定義之三：與現代人的知性和理性不矛盾的理論

「正法」的第三個基準，即是合乎邏輯的理論。雖然俗話說「只要信，泥菩薩也會變成神」，但毫無理由的信仰，總是讓人感覺奇怪。如果說神是掌管宇宙之人、是宇宙理法的體現者，那麼神所傳達的教義，也必須能體現宇宙理法。要體現宇宙理法，就必須有著合乎邏輯的理論。

我在第一點講述了「要與人類的知性遺產有著共通性」，同樣的道理，對於現代人來說，亦有著他們能接納的理論。換言之，存在著訴諸現代人的知性和理性，亦能為他們所信服的理論。

總之，「向一個吊飾合掌朝拜，自己就能得救」的想法，在理論上是說不通的；或者「只要有了法名，就能獲得幸福」的想法，也是不合邏輯的。因為沒有一套理論，能夠解釋「為何有了法名，人就能得救、就能獲得幸福」、「為何向一個吊飾朝拜，人就會變得幸福」。如果說它能夠促進人的幸福，那就必須有一套合乎邏輯的理論來說明「它為何能讓人幸福」。理論上不成立的話，它就不能夠稱為「正法」。

以上即為「正法」的三個基準；第一個是「該教義是否與人類知性遺產相通」；第二個是「是否伴隨著某些可視作神之援助的現象」；第三個是「是否有著當代人亦能夠信服的理論」，或者說，是否只有「敬請信仰」等天馬行空的口號？即這教義當中是否存在著合理性？總而言之，與人類知性遺產的共通性、某些神跡現象，以及做為理論的整合性、合理性，即為「正法」的三大支柱。

依據這些基準進行判斷，如果找到了正確的教義、神所賜予的正法，那麼遵照這個交通法規，人就可以安心駕駛了。

17．探究正心之一：瞭解正確的基準，並逐步塑造符合如此準則的自己

要探究「正心」，首先應瞭解正確的基準，然後逐步塑造一個符合如此基準的自己。雖說人心是自由自在的，但對於那些認為「只有腦溝才是心」的唯物論者來說，根本無法接受「死後的世界還存在著心」，這對他們來說是一個謎團。

在思考「心的操控、駕馭和作用」等問題時，最重要的就是要實踐那些透過前述的基準所判定的正確教義。正所謂「知而行之」，此為陽明學派的「知行合一」理論，即「將所知之事、所為之事合二為一」，這是很重要的事情。

陽明學派的教義，即為中國的學者王陽明所講述的教義。然而，這「知行合一」的教義，實際就是出現於中國的佛教教義。

瞭解正確的教義，並實踐符合如此準則的生活，這即是陽明學派的本質，正好與佛教的根本思想一樣，只是以不同的形態呈現而已。

因此，對於「何謂正心」的回答即是，首先要知曉佛法真理，其次要按照所知的佛法真理進而採取行動。

18．探究正心之二：發展並協調神所創造的世界之方法

佛法真理的內容是多種多樣的，對此很難一概而論。但可以斷言的是，神之所以為神，其理由就在於「神深愛著自己創造的東西」。神創造了宇宙、地球、人類、生物和各種各樣的風景，並且深愛著他們。既然如此，神的心願亦應是「希望人也會喜愛自己所愛的東西」。

因此，對於探究正心，也正是大力發展並協調神所創造的世界之方法。藉此，所有人和睦共處，社會整體亦得以長足發展。如此的生活態度，才是真實的。關於這個方面，我將以「一己幸福」與「公眾幸福」來說明。

人追求自己本身的幸福，即「一己幸福」，這是一種義務。但同時，人亦抱持著「公眾幸福」的使命，即追求「一己幸福」的同時，不僅不應該妨礙他人的幸福，更必須是能夠增進他人的幸福。如此追求「一己幸福」與「公眾幸福」這兩種幸福，才正是神所希望之事。

19．探究正心的結果，即是實現並協調發展「一己幸福」與「公眾幸福」

人抱持著正確的知識，並將如此知識實踐於生活中的方法，亦是同時追求一己幸福與公眾幸福，並大力協調兩者的方法。

既然做為人轉生，那就應該最大限度地發揮自己、活出最好的自己，這即是追求「一己幸福」的原理。此外，活出最好的自己、發揮最好的自己，將工作做到極致，同時亦帶給他人幸福，這即是「公眾幸福」。

因此，探究正心的結果，即是實現並協調發展「一己幸福」和「公眾幸福」。各位要將焦點放在如此目的，進行逆向思考，從而思索「探究正心到底是指什麼」。

只要不搞錯這個目的，就可以調整徘徊於心間的念頭，以及付出實踐的行為。我想這就是人被賦予的一個巨大使命，這就是在本章我要講述的「何謂正心」。

總之，各位要將神心視為己心，而神心即是符合「正法」判定基準的教義，並且要以此為行動準則，而行動的結果則會出現符合「一己幸福」與「公眾幸福」的世界，換言之，即是地上烏托邦的建設。「探究正心」的結果，最終將聯結至統合自己幸福與他人幸福的世間烏托邦之建設。

第二章 心與煩惱

心

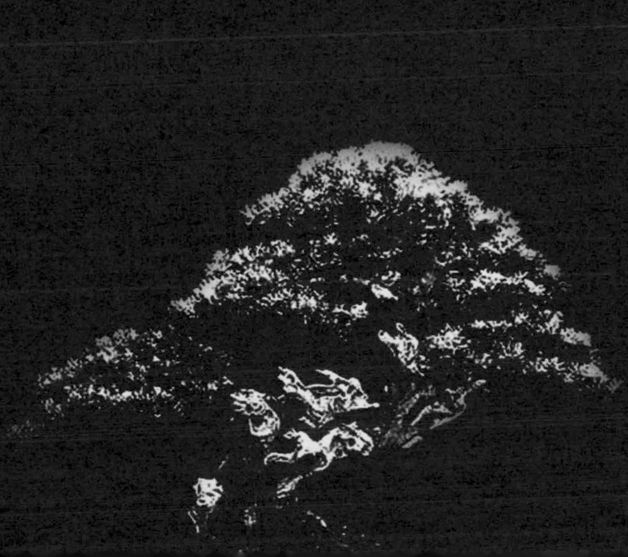

1．人生的難度與複雜性

在第二章，我想要就「心與煩惱」的主題做進一步探討。在第一章中，我講述了「何謂正心」的話題；然而，在實際探究正心的過程當中，即便人們被告知「這是真理，所以請依循」，或「這是交通法規，所以請遵守」，人們也總是難以照做，原因就在於此處出現了一個應用問題。

第一章所講述的「何謂正心」，終究只是以例題解答的方式，成為了答案的累積，所以那算是一種方法論。但在現實人生中，亦即實際的生活當中，人總是會遇到各種各樣的煩惱。因此，就算是神所賜予的真實教義、正法，也並不能夠針對各種各樣的煩惱提供確切的答案。

真理是一種指針，做為指標，它能夠為人們提供人生的方向。但對於每一個人的煩惱，它並不能恰如其分地給出答案，這樣就存在一個大問題。

譬如說，某人發現了關於經營方面的真理，並講述如此真理。於是，此人向人們提供了「關於經營問題，應該接受現狀」的方法論。但這個方法論，畢竟只適用於特殊的案例，因而未必亦能適合其他的案例。打個比方，針對汽車公司的經營方案，如果運用到其他的行業，如銀行職員身上，其實並不可行；針對一個人的結婚建議，用在另一個人身上，其實並不適合，這就是人生的困難與複雜之處。

即便是透過閱讀佛法書籍理解了真理，但將如此真理對照著自己的實際生活時，卻總會出現各種難題。雖然在腦中知道，並理解了「人必須要透過讀書，以調和己心」，但如果在閱讀的過程中，妻子說道：「星期天你就不要看書了，多少來幫我做點家事吧！」由此你的調和之心又將被立刻打亂，這就是難處所在。

再譬如，在某個星期天或連休假期中，某人對基督教有所覺醒，於是，他想去教堂參加星期天的禮拜。然而，家裡的孩子、太太以及全家人都說「星期天應是陪伴家人的的日子」。如此一來，他想要追求真理的心念，與必須要陪伴家人的心念就產生了牴觸，為此他感到很矛盾、痛苦。可是，對於此事該如何解決，真理卻並沒有給出答案。真理教導了他「在教堂裡聆聽正確的教義是好事」、「祈禱是好事」等等，但在現實生活當中，身為上班族的自己，平時每天都深夜才回到家，所以心裡會覺得至少星期天應該和家人培養感情。但同時，他也很想在星期天接觸佛法真理，洗滌自己的心靈，這兩種心念是對立的。此外，如果背著太太和孩子去了教堂，並在教堂裡面祈禱「請您讓我和妻子和好吧」，那倒不如不去教堂。因為不去教堂的話，兩人就能夠和好，願望即能實現。因此，如上所述，在實際生活中是存在著許多矛盾的。

2・真理的傳道與經濟的煩惱

對於「正法行者」，即行佛法真理之人來說，自古以來就有著煩惱的種子。其一即是，佛法真理的傳道與經濟問題。在過去的幾千年當中，有許多偉人降生於世間，講述著佛法真理，他們也都曾遭遇過這個煩惱。耶穌曾如此說道：「『瑪門之神』，即財神、財富之神，侍奉瑪門之神與侍奉真實的神，即天父，這兩者是無法兩全的。」

此外，當有人問道：「您是如何看待稅金的呢？」耶穌這樣反問道：「請問那個錢幣上印著誰的肖像呢？」提問者回答道：「那是凱撒。」——即羅馬的凱撒大帝，錢幣上印著皇帝的肖像。據傳言，當時耶穌給出了這樣的答案，即「讓凱撒的歸凱撒，上帝的歸上帝」，這是聖經當中著名的一節。

就言語上而言，這確實是充滿知識、智慧和機智的回答，但它卻存在著問題。如果所有的財富都歸凱撒管轄，即處於當時羅馬政府和政治家的支配下，那宗教家就完全沒有支配權了，但實際上並非如此。做為宗教家，為了維持教堂的日常營運，也必須要集結信徒、信眾們的捐獻，並且也須繳納稅金等，資金用完以後，又必須再次籌募捐獻。

此外，建造新的神像、修復教堂也需要用錢，教堂的牧師亦需要養家糊口、負擔孩子上學、為家人添購衣物等。換言之，如果財富都屬於凱撒的話，神職人員就會餓死。

倘若神職人員非常厭惡金錢，那就只能接受信徒們的食物佈施了。但如此的行為，亦將會成為神職人員的心之束縛。因為人畢竟還有著想要自己做決定的意念，神職人員亦想要自己決定一日三餐，自己選擇衣物的花色等等。因此，問題就在於，神職人員是否能夠滿足於日日吃信徒捐獻的食物、穿信徒捐獻的衣服？這其中其實隱含著個人所追求的幸福因子。

換言之，在當今時代，不論是宗教家或信奉人之人，都無法拋開那印著凱撒肖像的錢幣。

舉日本的例子來說，日本政府印刷的一萬圓日幣，過去是印著聖德太子肖像，現在則是印著福澤諭吉的肖像。總之，如果沒有政府所認可的印有偉大人物肖像的鈔票，信奉神之人亦無法生存下去，此處就出現了真理與經濟兩難的問題。

關於這個問題，在過去的宗教家中，沒有一個人能夠完美作答。好比說錢幣上印著福澤諭吉的肖像，但紙鈔並不屬於福澤家，世間總是有著這樣的煩惱。

3・真理傳道者與異性的煩惱

除了經濟問題以外，還有一個顯著的煩惱，即真理傳道者與異性的問題。釋迦教團曾出現過經濟問題，亦曾發生過異性問題。

在釋迦教團當中，原本是不接受女性的。究其原因，一方面是由於女性想要認真學習佛法真理的意志確實是比較薄弱，但另一方面則是因為擔心女性的加入，會擾亂修行僧的心。

無論是佛神，或是侍奉神佛之人，如果周遭常有異性出現的話，就很難無視她們、專心修行。當女性為自己盛粥或是加湯到自己碗中的時候，就會不禁捉摸著她是否是對自己有好感，就算是修行僧也是一樣的。有時人們會對於女性的一個眼神、一個微笑十分在意，即便在禪定的過程中，心中亦會不斷地出現「她到底是如何看待我」的念頭。如此一來，修行的深度就降低了。正是基於如此事實，釋迦曾有不讓女性加入教團組織的規定。

但後來，有一位女性拼命地想要加入教團，並向法門叩關。這位女性問道：「為何身為女性就不被允許開悟、不能侍奉佛陀呢？如果佛陀是廣大無邊的慈悲存在，女性不也應該得到拯救嗎？」並認真地請求進入佛門。

釋迦感到非常困惑，一旦女性加入的話，就可能會打亂教團的紀律。然而，就因為她身為女性的理由，從而拒絕這位追求真理的女性、完全否定她的菩提心，這對於講述佛法真理之人來說算是正道嗎？組織的營運與個人的覺悟，在此又出現了另一個難題。這也是人生的應用問題。

不管再怎麼抑止，還是接二連三地出現了追求佛道的女性。因此，釋迦也就變得不得不允許女性加入教團了。因為對於不斷追求佛法真理的人，是不能不讓她們加入的。

於是，在釋迦教團當中，就出現了比丘、比丘尼這兩種學習佛法真理的人，即教團變成了有男僧的團體和女尼的團體。而且，為了避免異性問題的發生，教團將男女修行者區分開來，比丘尼和比丘尼一起生活，比丘和比丘共同生活。然而，還是免不了發生意外。

在釋迦教團當中，也曾出現過因逾矩而被逐出教門的女性和男性。「如果說因為性別而造成了修行的妨礙，那麼真理的使者存在著男女之分這件事本身，不就錯了嗎？」釋迦似乎對此感到非常困惑。

「假使世人沒有性別之分，人們一起追求真理、進行修行，那還會有什麼煩惱呢？如此一來，人們就能夠將一天二十四小時全部投入真理的修行當中。但天生的男女性別之分，卻對修行造成了妨礙。這該如何是好呢？然而，性別是與生俱來的，這真的可以被指為惡事嗎？」這也是一個大問題。

過去的大宗教家們都到過各個地方傳道，但和前述的經濟問題一樣，對於男女性別的問題，至今沒有一個人能夠清楚作答。人總是會隨意而為，然而，若是將人束縛起來的話，人就變得不自由了。束縛就會帶來不自由，但解開鎖以後，人就會隨意而為。

4．釋迦教團的經濟與異性問題

對於以上如此難解的問題，釋迦亦是非常困擾。

對於第一個經濟問題，釋迦沒有使用印有凱撒肖像的錢幣，最終是透過托缽的方式解決了；用現在的話來說，就是化緣。過去在日本的鄉下，常常可以看到弘法的和尚，他們頭戴斗笠、穿著白短襪、綁著褲腳，到處去托缽化緣。釋迦的時代也是如此。此外，關於男女問題，由於要平等地對待女性，所以首先就將男女隔開，女性被分到女性專用的修行場所。不過，不可否認那存在了一些不自然的感覺。

如果說為了追求佛法真理，在何種時代都必須出來托鉢的話，如此不自由的狀態是難以將佛法傳佈開來的。如同於前面提及的神父，托鉢反而會束縛個人內心的自由。因此，修行者需要有穩定的經濟。

此外，對於異性的問題，釋迦主張「要採取協調性的態度」。在釋迦的弟子當中，有些夫妻是一起出家，但沒有夫妻之實；也有人是成為了在家的弟子，因為只是精神上的夫妻，所以在生活上有些不自然。神在創造人類時，並沒有把人創造成機器人，或將人造成無性別的人。

如果勤勉於佛道修行之人，占了人類當中一定比例的話，那麼就算是誕生出一定比例的人，對於異性完全不感興趣的話，那就沒甚麼好奇怪了。十個人當中，如果有一個對異性完全沒興趣的人，那就將此人當做是天生的聖職者，使其刻苦修行就好了；但遺憾的是，十個人當中有十個人都對異性感興趣。

5・釋迦的解決方法之一——斬斷執著

經過一番思量，釋迦發現「人們實際就是活在矛盾的人生當中」。這個矛盾本身就是煩惱的元兇，他忖度著「如何才能克服這個矛盾」。

第一個方法，就是要「斬斷執著」。如果人心停留在某一點的話，不管是在金錢、食物或是異性等，這就將成為痛苦的元兇。因此，為了不要製造痛苦，就必須首先捨棄可能會牽絆自己的心的作用，這即是釋迦發現的方法。

做為捨棄執著的具體方法，即是首先拒絕吃奢侈的食物，只吃別人當天佈施的東西。而第二個要捨棄的執著是什麼呢？那就是要捨棄外表，不要在意自己的外在，或是自己所穿的衣服有多破爛。

第三個要捨棄的執著是什麼呢？即是不要思念異性、不要接近異性，甚至想都不要去想。隨著肉體逐漸退化，不思念異性變得很自然。這即是一種斬斷執著的方法，但其結果即是人們將世間的生活視為惡事。由於嚮往靈界的人生，從而轉向了否定世間的想法，後來就逐漸地演變成了佛教當中的修行方式，即絕食、斷水、斷絕人際關係，遠離塵世、遁入深山。

這種修行方式的問題就在於，只對來世抱有希望，認為今生完全沒有希望。在天冷的時候，現代人會打開暖氣，如果說這也是一種執著的話，那我們就得耐住寒冷，告誡自己這並不是寒冷。如果說夏天開冷氣也是一種執著的話，那就必須告誡自己「本來並無暑」，並在熱氣中赤裸著身子，叭噠叭噠地搖扇子來消暑。

因此，如果僅依循「斬斷執著」的方法論，世間生活就無法得到向上發展；而且，就不可能在世間創造佛國土。這個是大問題。所以說，雖然「斬斷執著」也是一種方法，但它不是最終的解決方式。

6．釋迦的解決方法之二——進入中道

釋迦認為解決煩惱的第二個方法，即是進入中道。相較於「斬斷執著」的方法，偏向於否定人在世間的生活，第二種方法則是進入中道。換言之，世間有世間的生活，世人有世人的思維，所以說不能無視世間和世人，以免走入極端。因此，釋迦認為「不論做任何事，都要從中找出佛法真理」。

在食物方面，如果只吃超豪華的牛排，再怎麼有錢也消受不起，所

以偶爾可以吃一次牛排，平常隨便吃吃就好了。譬如說，早上吃一塊簡單的麵包，中午吃一份炒飯和咖啡，這樣每週就能吃一頓牛排晚餐了。以現代生活來說，或許這裡就能夠找到釋迦所講的中道。

如果每天只吃牛排的話，除了身體會變弱外，也很花錢。然而，每天只吃醃蘿蔔、牛蒡或豆腐的話，有時也會使不上勁。如果人活著就行，如活屍一樣也無所謂的話，那麼只吃醃蘿蔔就行了。但這種人的食欲反將越加旺盛，結果就無法認真生活了。

因此，所謂中道，就是每週吃一次肉，或者只在大型演講會之前吃肉，平時就吃點魚或蔬菜等，過著相對樸實的生活。如此在中道當中斬斷煩惱的方法，就是釋迦思考的第二種方法。

7．中道的道路上，缺少了發展的思想

然而，釋迦的第二種方法也是有問題的；雖然不是負面問題，但這種方法當中沒有發展，即便不會變成前述的化緣僧生活，從現代日本人的感覺來說，那是知足的生活，即從昭和二十年（一九四五年）後期到昭和三十年（一九五五年）初期之間的生活。那個時候的日本，留聲機、嘎嘎作響的收音機、電視機尚未普及，常見一家四口人，在沒有燈罩的燈泡下和睦生活。此外，在三坪大小的房間裡，六個孩子擠在一起排排睡，父親也沒有書房，把飯桌收起來夫婦就席地而睡，這就是當時的生活形態；然而，這種生活真的算是好嗎？

父親總是想要書房，母親會想要有廚房，孩子則會想要自己的兒童房吧！人終究會朝著如此的方向思考的。不管怎麼想，比起六個孩子在三坪的房間裡鋪上六條棉被排排睡，若是每個人擁有自己房間的話，在精神

生活上會更加豐富吧！如果父親太早回家的話，孩子們連玩的地方都沒有了，所以就只好故意晚回家，等孩子們拉出棉被睡著以後，父親才能夠到壁櫥裡，把電燈打開來閱讀。如此的精神生活只能說是相當悲慘啊！如此雖然還不到化緣僧的生活，但我認為這也算是悲慘的精神生活。

由此看來，這條中道的道路，的確是欠缺了發展的要素。譬如說開車的時候，即便有交互地踩煞車和油門，可若是車速只有時速三十公里的話，後面的車肯定會猛按喇叭。此人或許是想讓你加速到四十公里，但再後面的車會希望你開得更快，所以說在高速公路上，最好將車速維持八十至一百公里之間。車速明明能提到一百公里，卻始終保持三十公里的話，不僅會讓自己感覺焦躁，還會給周遭的車輛造成麻煩。如此的中道，絕不是真正意義上的終極真理。

8．真理與實際生活的矛盾

當時釋迦只提出了「斬斷煩惱」和「走入中道」的方法，從這兩個方法中，也能夠找到一些解決煩惱的辦法。但在現代社會當中，僅有如此的方法是不夠的。那麼，為了具體地解決人的煩惱，到底要採取何種方法呢？

所謂煩惱的實相，也就是指在人生當中的真理與實際生活中出現的矛盾。要如何解決這個矛盾才行？如何做出明快的回答呢？譬如說經濟方面的問題，因為真理存在於中道，所以就真的不能賺太多、不能賠太多，而必須要維持不赤字也不黑字的平衡狀態嗎？這也是一個問題。

如果生意人斬斷執著以後，到底會怎樣呢？由於必須斷除執著，所以把車子賣了也不拿錢，但這種行為在現代社會是行不通的。因此，必須要尋找現代的佛法真理，探求現代人該如何克服煩惱。

異性問題也是如此。如今，寺廟的和尚、教堂的牧師都可以結婚了，但也因為有了婚姻生活，他們做為佛法真理探究者的自覺也變弱了。

但反過來說，如果佛法真理探究者決定保持單身、潛心修行的話，亦將遇到很多世間的不自由。譬如說女性到了四、五十歲，還沒出嫁的話，她的父母親可能就會發牢騷了；就算她會做瞑想，但周遭人會勸她「不要再做愚蠢之事了，努力成為有能力之人吧！」如此的雜音，亦會讓人心亂如麻。

男人也是如此。雖然是在追求真理，但他仍然有著食欲、睡眠欲，以及永無止境的性欲。如果要消除這些欲望，那就只能整天不吃不喝地撐下去，或是把自己關在鐵欄裡，要不然就是吃安眠藥昏睡一整天。對於健康的男人來說，應該這樣做嗎？

眾多的真理使徒都在為此煩惱。縱觀全國，無論是基督教徒、佛教徒或是神道的信徒，關於男女之間的性別問題始終是層出不窮的。難道說追求真理的女性，都必須像神道的巫女一樣，一概不得觸碰異性嗎？是不是一旦接觸到男性，就變成了污穢之物，不能再為神奉獻了呢？

男性也是如此。是不是一旦接觸到女性，就會變得墮落，進而不能再擔任佛法真理的實踐者了呢？亦或是，除了婚姻生活以外，就禁止與任何女性來往了呢？

身為人妻的話，是不是一旦與丈夫以外的男人相識了，就要墜入地獄呢？

再或者，男女在婚前的自由交往，是不是已構成了墜入地獄的罪行？關於這些問題，現代的宗教家都沒有給出明確的說法。

9・禁欲與色情地獄

我向高級諸靈詢問意見時，就有高級靈警告說「色情地獄是儼然存在的」。但也有高級靈表示，與配偶以外的人發生性關係，也未必會招致墮入地獄。

那麼，與配偶以外的人發生性關係者，哪些人會墮入地獄？哪些人又不會墮入地獄？他們的區別在哪兒呢？對此，並沒有明確的基準。

此外，正所謂人心是「一念三千」，「心念即等同於行動」亦是靈界的法則。換言之，在靈界當中，即便沒有實際行竊，但只要心中有了偷竊的意念，那就算犯了心罪。如此一來，做為佛法真理的使者，雖然在心中累積了對異性的欲望，但由於恐懼如此欲望被發現後就要墮入地獄，因此為了避免下地獄，就將對異性的欲望壓抑下來。雖然沒有付諸實際行動，但是一年三百六十五天，心中都燃燒著對異性的欲火，從心中升起濃煙。從佛法真理的角度看來，這也是一種罪行。

如果說「行動的制止，將不斷地擴大心中的欲望」，再按照「心中所想，即為行動」的靈界法則來說，那麼，即便沒有碰過異性的一根手指，有男性、女性墮入色情地獄也不足為奇，並且那是有可能的。

譬如說，即便現在是身為尼姑，一生都迴避了男性，但如果她一天二十四小時都在耽想男性，那麼死後前往靈界時，她就將墜入色情地獄。在靈界當中，不僅行為受到審判，意念也同樣會被審判。

如此說來，雖然限制自己的行為，但卻擴張了心中的意念，進而墮入地獄的道路。有人觸碰過女性一次，此後一整年在心中都持續惦念著女性，但持續禁欲的話，偶爾心中也會掀起粉紅色的波瀾。但也有人每月觸碰一次女性，且每次都能獲得精神上的滿足，剩下的二十九天就不再會想女性了。若問這兩種情況哪個更符合佛法真理的生活方式，這亦是難以做判斷的。

如果不是單純地從行為判斷，而是從心念與行動這兩方面來看的話，就算是佛法真理的使者，也未必是純潔無暇的。世間不存在心中無念無想之人，如同於偽善者一般，將念頭壓抑下去，這亦是一種罪。

不曾觸碰過異性卻墮入了地獄的人，會極力反駁，甚至到了地獄還在爭辯：「為何我會墮入地獄？不該是這種結果的！」當被告知「心中所想亦是一種罪惡」時，他們會倍受打擊，還有些人相當後悔：「我以為只要不付諸行動就好了，因此沒有遂行過一次行動，只是一整年都在心中想著色情之事。然而，卻因此墮入了色情地獄實在是不划算。早知道要下地獄，還不如自由自在地行動呢！」這是因為他們不知道這個法則。

10．目的正確的話，為了節省時間與勞力，允許有某種程度的經濟寬裕

探究真理問題的時候，我認為必須要推薦一些更符合現代社會的想法。

至此，我已經提出了有關於真理，或者說心的探究者的兩大問題，即「經濟問題」與「異性問題」。因此，必須要為此訂立一個明確的判斷基準。

在此，做為我本身的想法，首先我想要就第一個問題「真理和經濟」，或者說「正法和經濟」，在現在這個時間點明確地提出符合現代社會當中比較妥善、錯誤較少的想法。

第一，現代社會是建立在利潤的基礎之上。沒有利益，公司也就不存在了。不止是私人公司，即便是政府機關、國家單位亦同樣適用於這

個原理。日本的鐵路已經民營化了，換言之，就算是政府直接管理的部門，如果無利可圖的話，也無法經營下去。如此法則不僅適用於國營、民營單位，對於佛法真理的使者也同樣適用。

一旦宗教開始募集資金，就會被稱為斂財的宗教。然而，沒有哪一個宗教能夠憑空創立，如果沒有錢的話，就只能靠著佈施生存。這在現代社會當中，就代表不可能在全國進行傳教，亦不可能集結全國的信徒。不管是任何宗教家，在擁有新幹線的現代社會，都不會想要徒步到處進行演講。因為若是有那種體力的話，宗教家能夠做更多其他的事情。從節省勞力的角度來看，亦應該搭乘新幹線到各地傳教，有時也要搭乘飛機，這都是很必然的事。

然而，雖然是佛法真理的使者，坐飛機時享受不到九折優惠，乘新幹線時也沒有半價優惠。能夠購買到便宜新幹線票價的，只有新幹線的工作人員及其家屬。

由此看來，擁有一定的資金，就能夠獲得行動上的自由，並提高工作的效能。如果經費不足以搭飛機，就只能乘新幹線，如此不同的經濟能力，將顯現為時間上的差異。

在現代社會，經濟能力的差異確實會變成時間差異。在辦公室裡亦是如此。如果經濟能力允許購買書櫃的話，就可以加速整理資料的時間，進而提前完成工作。但若沒錢購買書櫃的話，為了整理散亂的文件，就勢必會拖延工作進度。如果有錢寄快遞，資料就能儘快送達；但若錢不夠而只能寄平信的話，時間就會延後。

因此，如果工作的目的正當的話，為了提高該工作的效率、效能，進而使工作結果更傑出，如此而擁有一定寬裕的經濟，這是符合真理的。

換言之，為了購買時間的金錢，可以視為有益的金錢。此外，為了提供場地的金錢，也是有益的金錢。錢財，本來既不是善也不是惡，因此，擁有金錢，並不會讓宗教家墮落。

所以，宗教家為了正確的工作目的，為了節省時間與勞力從而提高工作效能，因而享有的寬裕經濟，應該是被允許的，因為這會帶來更大的作用。

在現代社會，可以用金錢購買時間。有錢的話，就能乘飛機去到地球的另一端；沒錢的話，就只能搭船或是游泳過去了。所以說，為了正當的目的，為了提高工作效能和貢獻的程度，這樣的金錢充裕是好事，也是符合真理的事。為此，再創造一個更好的收益體制也是好事。一概將金錢皆視為惡事的想法，並不符合現代的佛法真理。

總之，為了正當的目的、正當的工作而創造利潤的做法，這不僅適用於一般的公司行號，對於現代的佛法真理傳佈團體來說，在某種程度上亦是被允許的。

一味地否定財富，終究只是人們先入為主的想法。然而將金錢視為惡事的觀念，有時反而會讓人成為金錢的奴隸，認為別人很骯髒。此外，這也奪走了宗教家內心的自由，但這是不對的。不管是任何宗教家，都必須要守護內心的自由。

11．允許以真理之道為共同目標的男女交往

第二個問題是，關於佛法真理與異性的問題。從原則上來說，人們自古以來的智慧，即「男女要結為夫婦，並且從一而終」。但在現代社會，丈夫為了創造家庭的經濟基礎，就必須要做與佛法真理無關的工作，並且要養家活口，若步入佛法真理之道的話，經濟上就會出現很大的障礙。

因此，我認為在現代社會，夫妻兩人要盡量朝著相同的信仰方向發

展；若是男女朋友的話，就要選擇與自己信仰相同真理的人交往。與心靈相通之人，或持有共通人生觀之人一起共度苦樂比較好；這是我的感覺。

性方面也是如此；當然，我不贊成極端淫亂的生活方式，然而極端潔癖的人亦同樣是不自由的。此時，或許說「進入中道」未必適切，但總之，擁有共同真理、人生觀的人們，為了解放自己、互相愛慕、變得幸福、精神變得豐富，從而接觸異性的話，這本身並沒有罪，也沒有惡；我是如此認為的。

總而言之，不要變成肉體的奴隸，也不要作繭自縛、自綁手腳。若是人有著正當目的，並想要儘可能地達成那目的的話，只要達成的手段，是在合理的範圍之內，我想就能夠被許可。

本章講述的許多內容，在「心與煩惱」之中，提到了「心的問題」與「真理的問題」有所關連，所以探討了最大煩惱的「經濟問題」和「異性問題」。先入為主地一味指責「金錢和異性是惡事」的觀念，是很危險的。如果固執己見，並強迫他人接受如此觀點的話，這將構成通往真正覺悟之道上的妨礙，此為不爭的事實。

並非只要進入中道就好，希望各位亦能思考「金錢和異性，是為了切實地達到正當的目的，從而準備的材料及方法」。

跟反對佛法真理的異性交往，將妨礙自己進入真理之道；與不反對真理的異性交往，就不會妨礙自己探究真理。女性之所以會變成修行的妨礙，是因為很多女性是反對男性探究真理的。若是與贊成真理的人一起修行，就不會有任何妨礙了。如此所述，一邊設置一定程度的框架，一邊自由地追求佛法真理，不是很符合現代社會的情況嗎？

在未來的時代，或許還會有未來時代的規範，但從現代的角度來看，我是這麼認為的。

第三章 內心諸相

心

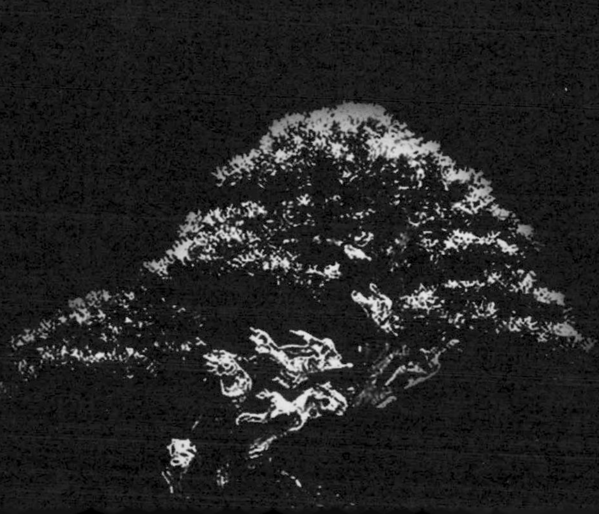

1・人與動物有不同的目的意識

本章我想要講述關於「內心諸相」的問題。任何人都能夠直接或間接地感受到自己的心理狀態，如果心中很焦躁的話，人就無法鎮定，亦感覺不到幸福。此外，如果心中歡喜的話，那毋須任何人提醒，就會自然湧現幸福的感覺。

雖然沒人教導我們這些，但一個人的心理狀態，勢必會影響到此人現在的幸與不幸。人們在思考人生態度、人生方向之時，又該如何把握「心」呢？這就是本章將論述的主題。

首先，我想要探討「人是為了追求何物的存在」。人之所以為人，而非動物，可以說就是在於目的意識上的差異。我想可以說，兩者在目的意識上有相當大的差別。

事實上，動物們也並非沒有目的意識。譬如說，獅子的目的，就是如何獵取到一整天的食物；而狗的目的，則是等待每天一次的餵食，以及傍晚被主人帶去散步吧！這些也都算是一種目的。

不過，人在探究動物們的目的之際，似乎只是將基於動物本性的欲求當做目的，好比說食欲、性欲，或是其他的基於動物本身的欲望。做為熊，到了冬天就會想冬眠；做為貓頭鷹，白天不會睜開雙眼，只有到了晚上才睜開眼睛；做為鼴鼠，很喜歡泥土裡面的生活，到了外面心情就渾身難受；做為毛毛蟲，總是忙於在葉子上爬行，但一旦破繭成蝶之後，牠們就開始忙於在空中飛行了。因做為蝴蝶，就有著在空中飛行的欲求。可是，當牠還是毛毛蟲的時候，在樹葉上爬行就是生命的價值。綜上所述，各種不同形態的動物們，皆擁有著與之相應的欲求。我是這麼認為的。

與這些形態各異的生物相比較，那麼，人的目的意識，或者說人的「欲求」到底是什麼呢？

2．做為人的前提條件之一：帕斯卡的定義——「會思考的人」

首先，關於人的條件不是單純由我來講述，希望各位讀者朋友亦共同來思考。各位做為人，為了證明自己是一個人，或者說各位做為人的條件，到底有著何種要求呢？是否可以說因為自己有著某些欲求，所以就稱之為人呢？

西方的哲學家帕斯卡（Blaise Pascal）曾指出：「人之所以稱之為人，其理由就在於人會思考，這是人的出發點。人就像是蘆葦般脆弱的存在，然而人卻不只是蘆葦，人是會思考的蘆葦。」這是哲學家帕斯卡的名言，他認為「思考，即是人的本質」。

3・做為人的前提條件之二：蘇格拉底的定義——「好學者」

在古代的哲學家當中，亦有許多人探究過關於人的條件，其中，包括古希臘的哲學家蘇格拉底。他認為：「人的本質，就是愛好學習的好學者。」動物並不喜愛學習，從來沒見過有哪個動物愛好學習的。然而，人卻能夠愛好學習、愛好知識，因此，「愛好知識」即是做為人的條件。

從如此觀點出發，如今在非洲內陸拿著長槍獵捕動物的人，或者是傳說中的食人族，若按照蘇格拉底的定義來說，都還沒有達到人的存在要求吧！從他們的行為模式來看，從人的角度來看，他們與人之間還有相當一段差距。換言之，他們距離做為人的要求還差很遠。

因此，我們亦不可否定「人之所以能稱之為真正的人，其理由就在於愛好知識」。如果再進一步探究「何謂愛好知識」？首先，知識即是文化的基本條件、前提條件，沒有知識，也就談不上文化。

此外，「文明」一詞，常被用做於「文化」的同義語，不過，文明的前提未必是知識。我認為在某種意義上，文明的前提可以說是智慧。

在文明的範疇當中，好比說建造金字塔，或是建設大運河、建築萬里長城等等，這些都可以劃入文明範疇。就籠統的意義而言，這些都算做一種文明。準確地來說，這些文明不一定是知識本身的累積，但可以說是人類智慧的結晶。

與此相對，文化的知性色彩就比較強。因此，我認為「能夠做為知識傳承下去的，就是文化」，如此說亦未嘗不可。

不論是文化或是文明，總之「知識是原點、槓杆」的論點是很明晰的。蘇格拉底所言的「人乃為愛好知識的、好學者」的觀點，亦正是以基於文明、文化的人類社會生活做為前提的。

因此，若是從蘇格拉底的定義來說，沒有文明、文化的人類生活，就好比是野蠻人的生活；野蠻人還不符合人的條件，甚至可以說僅是剛進化的猿猴。

至此，我講述了帕斯卡的觀點「人是會思考的蘆葦」，即「思考是人的本質」。換言之，他是將人心的作用之一——「思考」——當做人的條件。此外，蘇格拉底的觀點是，將愛好知識、愛好學習當，做人的前提條件。

4·做為人的前提條件之三：釋迦的定義——「追求覺悟的存在」

本節我將列舉另一種關於人的定義，它是釋迦佛教的見解。但首先，我想請各位思考，「當時加入釋迦教團的人們，是為了要追求什麼，所以才會聚集到釋迦教團的呢？」他們難道不是為了追求「覺悟」，所以才聚集的嗎？用佛教語言來說，他們是為了追求「解脫」而聚集的。

「解脫」又是什麼呢？怎樣才算是解脫呢？解脫中的「解」字，是「解開」之意，而「脫」字，則是「脫去」之意。因此，按照字面上的解釋，「解脫」就是解開束縛著人的繩子，並從束縛中脫身的意思。

那麼，人生中的束縛，到底是指什麼呢？這裡就有著探究的出發點。

釋迦教團為何要追求解脫呢？對此，釋迦不斷進行思索。

世間存在著兩種人，即原本之人，以及非原本的「虛偽」之人。這兩種人到底有何不同呢？根據釋迦的覺悟，原本之人即是自由自在的人，也就是「心念即為自己」，能夠自由自在地發揮所思、所想以及善念的人，就是原本之人；能夠自由發揮美好意念的人，就是原本之人；能夠依循佛法真理自由發揮的人，就是原本之人。這即是釋迦所思考的原本之人。

5・第一種束縛——「肉體即人」的想法

當人轉生到這個物質的世界時，就會出現各種各樣的束縛，讓人遠離原本之人。而這些束縛到底是什麼呢？首先，第一種束縛即是，人們忘記了「人的本質是靈魂」的事實，誤把肉體當成是自己。

換言之，就是被肉體束縛了。一旦人們把肉體當成了自己，人的生活就會被食欲、性欲和睡眠欲等欲念操控。於是，人就沒有任何進步或發展了。

譬如說，一日吃三餐就夠了，即便一天吃上五餐、十餐，這也不能說是人的進步。

異性問題亦是如此。性衝動的欲念，在衝動過後欲念也就會消退。然而性衝動的頻率增加，並不代表人的進步。

睡眠問題也是一樣。或許有人會一天睡十個或十二個小時，但常人只要睡八小時就夠了。雖然也有人逞強每天只睡三、四個小時，但正常睡眠時間是七、八小時。如果一天二十四小時都在睡覺的話，這也會變成一種痛苦。因此，透過追求這種欲望，也無法讓人性獲得發展。

如此看來，將肉體視做人的本質，並不能帶來真正意義上的人生幸福，這是顯而易見的。

當然，其中也包括有人想要運動身體的希望，即透過打棒球、網球等等，獲得身心的愉悅。問題在於，這種欲望算不算是來自肉體本身的欲求呢？人確實會有想要運動身體的念想，也會有透過鍛鍊肌肉而獲得的喜悅。然而，人們透過這種體育運動所追求的，是身體的爽快感、解放感以及娛樂性。因此，進行體育運動，並非是單純將肉體視做人的結果，而可以說是追求某種精神層次的意義。

如上所述，若將肉體當做是人的本質，並追究肉體本身的話，是無法完全發揮真正的人性的。

總之，釋迦指出的第一種束縛，即是「將人看做是肉體本身、將肉體本身當做是人的本質」的想法。

6．第二種束縛——想要在世間變偉大的想法

第二種束縛，即是想要獲得世間認可的欲望。

人的本質是靈魂，在過去的幾千、幾萬年當中，所經歷的數十次輪迴轉生，就是靈魂的軌跡、道路。然而，藉由持有著肉體、重新轉生到世間，人們在過去的記憶就會被徹底消除掉。因為對於今世的修行而言，這種方式比較有效。假如將自己前世是國王、學者或奴隸等意識，做為出發點帶到

今世，那麼人們就會被此牽絆住，而無法充分實踐今世的修行了。

做為嬰兒出生在世上，一切從零開始，在長大成人的過程當中，逐漸覺醒於自己的各種才能、特徵或者是力量等，並探尋自己的方向。在這個過程當中，人們能夠感受到自由和喜悅，因而逐漸忘記前世的事情。所以，當人們忘記了自己是在進行永恆的靈魂修行時，就會以為只有世間的生活。

然而，那個以為「只有世間生活」的人，他的人生方向就會變得只想追求頭銜、地位，或者是名譽，亦或是想要變成世人仰慕的、高高在上的人物，譬如說政治家、政府官員、學者，或者是演員等等。「想要成為世人矚目的存在」，這種心境是典型的世間想法。

當然，不能一概否定這種追求沒有意義，但是太過於執著於如此世間之物時，人們就會對離開世間產生巨大的抗拒感。做為大公司的總經理，行使了數十年的權力，就會痛苦於離開那個位置；而如果是大富翁，擁有幾十億、幾百億財產的話，就會害怕死亡。因為他擔心自己死後，那些財產到底會被如何處理、土地會被怎麼分配？一想到子女、孫兒女、兄弟姊妹、親戚們……，怎麼樣都無法安心。世間的財產，原本就無法帶到死後的靈界，但人們無法放棄，於是就變成了執著。

總而言之，第一種束縛，就是「將肉體當成是人的本質」。而第二種束縛，就是「把世間之物看得太重」，以為只要在世間變偉大就好，這是對人的兩大束縛。

7．第三種束縛——想要從他人索取的意念

第三種束縛，就是「想要從他人索取的意念」。人總是以自我中心

來思考問題，以自我中心思考問題，也就是喜歡從他人那裡索取，或總是讓別人為自己做事，可是卻忘了服務別人。「被別人愛」是一件高興的事，然而「愛別人」卻必須要透過努力才能達成。

即便是宗教的指導者，若稱讚別人，別人就會追隨你；若是不稱讚的話，就沒人跟隨你。被吹捧的話，人就會高興；被嚴厲訓斥的話，人就會生氣，或者就不聽你講話了。事情就是這樣，所以說，人終究是希望別人稱讚自己的。

但這種心態也是一種束縛，總是一味地向他人索求來生活的話，那就會變成精神上的乞丐，不會有任何進步、發展。曾經努力過的證據，就在於付出的遠遠大過於索取的數量。回到靈界以後，就算你說自己在世間時從他人那裡獲得了很多，也不會得到任何的勳章或表揚。對此，人們必須要認真思考。

如此追求讚賞、想要別人褒獎自己、希望別人對自己好的意念，亦是極其自我本位的想法。從人性本來的自由、靈魂的自由等觀點來看，這也是一個巨大的束縛。

因此，釋迦教團所講述的「解脫」，到底是指從怎樣的束縛中解脫呢？那即是肉體上的束縛，以及世間的地位、名譽和金錢等，這些來自世間的榮譽、榮華的束縛。此外，還有想要別人稱讚自己、想要從他人那裡索取等意念的束縛，共有以上的三種的束縛。

8．斷除「保存自己的欲」之束縛時，人就能覺悟

前述三種束縛的共通之處，用一個詞總結就是「保存自己的欲望」。在如此欲望當中，包含著想要維持肉體的意念，希望肉體生命得

到尊重的意念，以及想要得到別人稱讚、想要從他人那裡索取的意念。

於是如此保存自己的欲望，或者說利己主義，便會束縛人本來的自由、靈魂的自由，或是寬容之心。換言之，它會把原本悠閒自在的自己束縛起來，並將人禁錮在三次元的物質世界；「被禁錮」，就意味著一種束縛。

因此，為了還原那個原本自由自在的巨人、強大之人，或抱持偉大力量的人，就必須要斷除如此的束縛，這就是「解脫」的意思。得以解脫之時，人們就能夠獲得覺悟，這即是釋迦教團的思想。

由此可知，釋迦教團所探究的「人的本質」、做為人的條件，就是「人，即是追求覺悟的存在」。動物不會追求覺悟，植物也不會，只有人才會追求；並不只是愛好知識，人還想追求覺悟。

追求覺悟，實際就是尋找「何謂原本的自己」。在某種意義上，這與前面所講述的「探究人的本質」的角度，例如「愛好學習」等是一樣的道理。

總而言之，所有探究都只是為了「瞭解原本之人」的方法。

9・總論做為人的條件——探究自己與世界本質的存在

至此，我講述了做為人的三個前提條件。而它們的共通之處，做為人的條件，首先是「想要探究人的本質是什麼，並且慢慢向它靠近」；第二點即是，「想要探究自己所生活的世界是何物，宇宙是何物」，人就是想要瞭解這些的存在。

換言之，做為人的條件，就是會探究「自己是什麼」以及「自己所處的世界是什麼」這兩個問題。人的條件集結於這二點，即「闡明自己」、「闡明世界」。

從不曾聽說「動物會徹底地探究自己是什麼、自我的本質是什麼」。此外，動物對於自己所處的環境，也認為是理所當然，牠們只會思考如何在其中生活。至於為何會有如此的環境，牠們恐怕從來不曾想過。為何會有海洋、有河川？為何會有山嶽、有原野？為何會有樹木、有花草？又為何會有天空、有雲朵？對於如此的問題，牠們並不曾思考過。動物不會去探究星辰、太陽、月亮的意義，只有人才會思考這些問題。

由此可知，人有著想要解開秘密的傾向。人的工作就是解開秘密，自己的秘密以及自己周遭世界的秘密。

到目前為止，我講述了關於人的前提、前提條件，人為何會被賦予心的理由，亦已相當明朗了。人之所以被賦予心，就是為了要探究自己本身，或者說探究「人的本質」。正是因為要探究自己和世界的本質，所以每個人才都被賦予了心。

為了解答這兩個課題，每個人才會各自擁有自己的心，並能夠控制自己的心。要如何進行探究，也是任憑各自的心，這是最神秘的地方。

因此，探究「何謂心的狀態」之際，要知道就是為了探究人和世界這兩個問題，人才被賦予了心。

10・探究善心

首先，若是將焦點集中於人的探究時，那麼，心應該處於何種狀態呢？此時就必須要探究「內心諸相」。

在本章開頭我說過，如果心中很焦躁、憤怒的話，人就無法平靜，所以也感覺不到幸福。但是，倘若聽到鼓舞人心的事或令人欣喜的消息，就真的能感受到幸福。雖然沒有人教我們這麼做，但人在本能上就會有如此反應。內心，既有高興的時候，也有不高興的時候，這是很明顯的事。不高興的時候，內心會出現細小波紋；高興的時候，內心就會圓潤豐盈、變得和諧。和諧感不斷擴大之時，也就是高興的時候。

如此說來，既然人心擁有自由性，那麼人就必須朝著讓自己幸福的方向，來思考各種事物。若內心出現細小波紋，人就無法幸福；若內心圓潤豐盈、非常和諧，人就能夠幸福。這是一個被賦予的法則，所以對此加以充分運用亦是生活的智慧。這是原本之人的狀態，也是對人的本質的探究。

因此，我們就必須要探究「造成不幸的細小波紋，是何時產生於心中的？」如此一來，就會發現「人變得不幸的時候，是固定於某種時機的」。

首先是發怒的時候。看到發怒之人時，沒人會覺得他幸福吧！其次，看到只會抱怨之人，恐怕也沒人會羨慕他吧！再者，看到一味妒嫉他人之人，也不會羨慕此人。接著是憎恨，看到因憎恨他人而想要殺人之人，應該沒有一個人會覺得那是很美好的人生，自己也很想效仿的。很明顯，就是這種黑暗陰霾的想法，激起了人心的漣漪。

與此相對，人心何時會圓潤豐盈並且和諧呢？

其一是能夠讓他人高興的時候；此外，得到他人感謝的時候；再來是每天帶著笑容生活的時候；心中充滿希望的時候；或者是實際感覺到自己對他人溫和的時候；亦或是完全理解「何謂愛」的時候；知道「何謂奉獻」的時候；變得謙虛的時候；能謙恭待人的時候；以及自己每日付出努力精進的時候……。在這些時候，人就會獲得幸福感。

若探究「人為何能獲得幸福感」的原因，歸根究柢，就是能夠實際感覺到透過自己的存在，或多或少都能對他人、對社會有所貢獻。

如果反省自己的內心，就會發現「當內心出現波動時，通常是因為心中出現了破壞性的想法」。一旦自己對他人、對社會有了破壞性想法的時候，內心就會焦躁起來。當內心圓潤豐盈、和諧時，人的想法就是光明的、正面的、有建設性的。如果感覺自己的存在能夠被世人接受、自己對世人有所幫助時，人就感到高興。反之，如果感覺到自己無法為社會做貢獻，而是有害於社會的，那就不可能感到幸福。

如此看來，在探究「做為人的條件」之時，要探究「人的本質」，就包括了要探究「善心」。

怎麼做才能返回原本的自己、美好的自己呢？方法之一就是「極力減少惡性的念頭，並且更換為良善的念頭」。

11．獲得正確的世界觀

前面曾提到過，做為人的條件之一，就是要理解自己所處的環境以及有關世界的知識。若能做到這兩點，人就能真正稱之為人。

為了做到這兩點，應該如何運用己心就很明確了。除了控制自己的情感以外，還有一個就是要「廣知天下事」。如果只是為了控制情感的話，那麼隱居到鮮有人知的深山裡面，就可以控制情感、避免惡性波動的產生。然而，一個人離群索居的話，就無法理解社會、世人，以及世界之事了。唯有透過與眾多人們交流，才能夠獲得世界觀。

因此，在人生的過程當中，必須獲取豐富的知識、知曉佛法真理，或者說累積教養，這是非常非常重要的事。控制情感和探究佛法真理，這兩個方面都很重要。

此外，在探討人心諸相的時候，我提到了惡性的心念和良善的心念，這些心念的狀態，事實上能透過習得佛法真理，從而進行自然調教。人心，就好像是桀驁的野馬，總是東奔西跑，所以如果沒有馴馬師般的技巧、技術和知識，就很難將心引導至良善的方向。

因此，獲得正確的世界觀，再加上擁有關於世間結構原理的正確知識，就變成了控制人心的巨大力量。光是知道了靈性存在這一件事，對於控制人心而言，也是一個大力量。正因為人以為只有世間的存在，所以就隨心所欲、我行我素地生活；然而，當知道人是貫穿於世間、靈界的存在時，就很難發出會降低自己在靈界中靈格的言語、行動和意念了。因此，知道這一點，即是一種力量。

此外，人還會經歷轉生輪迴，轉生在各種不同的時代、不同的地域。透過抱持如此的知識，人們就會知道自己區別對待日本、美國、中國、前蘇聯等等的想法，到底錯得有多離譜。譬如說「因為他們是俄羅斯人，跟我們不同，所以我們就要將其視為假想敵國」、「美國人和我們完全不同，他們是盎格魯撒克遜民族，所以跟我們日本人合不來」等等……，人會知道這樣的想法是多麼的錯誤，對此人們必須要覺悟。

事實上，所有靈魂都一樣，會轉生到各個國家地域。如今，雖然因為大家在不同國家的文化、風俗、教育、環境中成長，所以人會有所不同，但本質上還是一樣的。只有覺悟到這點以後，才能夠真正地實際感受到「世界是一體的，人類皆是兄弟姐妹」。

倘若沒有這種靈性知識，就無法意識到「世界是一體的，人類皆是兄弟姐妹」的事實。正因為知道自己有時會出生在希臘、有時會出生在埃及、印度、中國或美國等等，所以才能夠斷言人類都是兄弟姊妹。

如果認為日本民族只是日本民族的延續，並只能轉生在日本的話，那勢必會去區分本民族和其他民族；然而，事實卻並非如此。踏上異國之旅時，或許在當地的墓地裡面，就有自己前世的名字。說不定那片土地，就曾是自己珍愛的大地、難忘的市鎮；人必須要知曉這一點。

此外，在探究浩瀚宇宙之中的地球以及地球人的時候，只有當人們知道在地球上進行靈魂修行的不只有人類，知道在宇宙的其他星球上，亦有很多人在進行靈魂修行之時，宇宙才終於能夠變為一體，不是這樣嗎？

12．以探究人性、闡明世界為二個基軸，凝視內心諸相

雖然在人心的諸相中有著各種狀態，但是究其根本，就在於探究人性、人的本質，以及探究世界觀、闡明世界。因此，以這兩個基軸為準則，透過凝視己心所處的狀態，來衡量結果和成果即可。

當能夠正確地探究人、正確地闡明世界之時，人心就會充滿著圓潤

豐富、安詳的幸福感。反之，如果對人的探究、對世界的闡明出現錯誤的話，人心就永遠無法幸福。

因此，希望各位將內心諸相當做一種指針，進而探究做為人的前提條件的兩個尺度、兩種目的。

第四章　心的淨化

心

1．何謂「心的淨化」

本章我想要講述關於「心的淨化」的內容。「心的淨化」，通常也可以說成「反省」。在講述心的問題時，是不能不談及「淨化」的。在各種各樣的宗教當中，亦有透過各種不同的方式講述「淨化」。有的稱之為「反省」，有的稱之為「懺悔」，有的稱之為「祓禊」，還有的稱之為「清淨」，這是相當接近於「淨化」的詞語。

雖然在用字遣詞上有著細微差別，但它們想要表達的意義卻是一樣的，那即是「由於人心很容易染上污垢，並且容易變得朦朧，因此必須要像擦拭窗戶玻璃一般，時常清洗附著在己心表面的污垢」。

這確實說得有道理，用我們一天的生活來說，就好比是車子排著廢氣，行駛在滿布塵埃的街道上一樣，一天下來，總是會沾上各種的塵埃，或者是被雨水打濕、被落葉覆蓋等等。藉由如此形式，各種各樣的污垢將會附著到車子表面。因此，我們必須要洗車。同樣的道理，如果不進行「洗心」的話，心就永遠不會變得美麗。

就好比是各位買了部新車，一直使用卻一次也沒洗過的話，車上就會逐漸積滿塵埃、污垢，看上去就會像舊車一樣。同樣的道理，如果不去清除掉人心中的陳年垃圾、污垢，那就算只想要清潔表面也實現不了，或者是在塵埃堆積如山之時，就算是想重新烤漆也恐怕很難。

2・釋迦宣導的反省法——八正道

總之，在淨化己心之際，首先必須要清除掉早已堆積如山的塵埃、污垢。而清除垃圾的方法，即為反省法。

做為反省法中的典型，即是釋迦所宣導的「八正道」。所謂「八正道」，就是依循追求「正道」的八個基準，每日反思自己的作為。

3．正見、正語

首先是「正見」。所謂「正見」，簡而言之，就是「是否正確地看待他人之姿」。此外，對於自己本身的姿態，每日是否有正確地看待？除了自己和他人之外，對於自己所處的生活環境中所發生的各種事情，是否有正確地看待？將如此的正確看法當做是每日反省的方法，即為「正見」。

其次是檢視是否正確說話的基準，即「正語」。提及「正語」，實際上人們大多數是被言語中傷的。於是在不知不覺當中，自己也變成了加害者，因此，必須要對此進行反省。事實上，構成加害者的說話之人，往往意識不到如此的事實。然而，對於那些被如此嚴厲批判、憎恨、憤怒的言語所中傷的人來說，那或許會變成一生的重傷。換言之，那即是左右他人幸與不幸的言語。

因此，發出何種言語，是非常重要的事。如果說言語是致人不幸的最大原因，那麼做為使人幸福的原因，言語亦是非常重要的。得到他人的褒獎時，人會感到高興。而且，即便是沒有得到金錢、財物等，若從他人那裡得到發自心底的感謝之辭，或是褒獎的言語時，人就會湧現出勇氣。此外，亦會湧現出更加努力的力氣，因此，褒獎的言語亦是很重要的。

從這個意義上來說，做為反省自己是否有正確說話的基準，首先即是必須每日檢視自己是否說出了傷害他人、污辱他人，或致使他人痛苦的話語。其次，在充分進行如此的反省之後，做為積極性反省的一個方法，要回顧自己是否褒獎了他人、發揮了他人的優點，或是說出了能夠使他人更加出色的言語。如此的積極性反省，是非常必要的。藉此，地上世界將逐漸得到淨化，世間亦將更加和樂。

4・正思、正命

此外，第三個是「正思」，即正確的心思。人們有時將「正思」放在「正見」之後，但我認為盡可能放在「正見」、「正語」之後，會比較容易檢視「正思」。因為「正見」和「正語」，都是非常具體的反省內容。

所謂「正思」，即是反省一整天縈繞在自己心中的心思。「正語」是反省說出來的話語，而「正思」則是反省並未表露的、存於心中的想法。要反省已經表露的事情，是很明瞭的，然而要反省潛藏於心中的想法，如果沒有意識到的話，就很難做到。

換言之，即是必須要反思自己心中是否存在著疙瘩、存在著雜亂如麻的心思，或是有著障礙、牽絆等等。心中的這些牽絆、障礙，常常會成為致人不幸的元兇。若進行靈視，就會看到宛如毛線球的疙瘩，從反省之人的胸口掉落。就像這樣，人們心中常常籠罩著一團煙霧。

有人抱持著對他人的憎恨長達五年、十年，也有人表面上壓抑了怒氣，結果卻囤積在心裡。婆媳之間即常有如此的現象。

此外，還有一種名為自卑的毒素，那即是指那些總認為自己一無是處，並持續虐待自己的人。這種人的心中，亦存在著疙瘩，彷彿毛線球般的發黑疙瘩。還有人心中充滿了嫉妒的意念。

因此，「正思」就是將心中製造的彷彿如毛線球般的意念拉出來，並像解開毛線球一樣，將毛線一根一根地抽出，這是解放「心」的重要方法。

接下來，「正命」也很重要。雖然字面上是「正確的生命」，但

「正命」實際是「正確生活」的意思。即是反省每日的生活是否符合神意？是否是合理的、有效的？是否充分利用了時間？是否一整天日無所事事、毫無幹勁？這在人生結束之際將會出現很大的差別。每日抱持著開朗的心態，爽朗地、光明地帶著眾多夢想、眾多希望，積極生活的人生，與每日悲觀消極、不思進取的人生，有著天壤之別。

總之，首先要讓每一天變得光輝美麗，要度過玫瑰色一般的生活，要能夠說出「今日活著真好」的話語，這是非常重要的。此外，若將佛教以及基督教當中「一日一生」的思想，套用在八正道的基準的話，那即相當於「正命」。

5．正業、正精進

接下來是「正業」，即正確地遂行工作、業務。對於男性來說，業務就是指現代社會當中的工作；對於女性而言，若是專職家庭主婦的話，那即是指養育孩子或是做家務等。關於「正業」，以下兩點內容尤為重要。

第一點，即是檢視自己在一天的工作中，是否犯下了重大過失或嚴重錯誤，如此的反省是很重要的。因為透過工作，我們才能獲得等價的收入供應生活食糧，而且，這也是我們服務社會的重要工具。在如此重要的工作中，檢視自己是否給他人造成了麻煩、是否犯下了錯誤，對此進行反省是每日必須的功課。

做為女性，則應該反省「自己是否有盡職地培育孩子？」、「是否在孩子的教育問題上敷衍了事？」、「家務做得如何？是否將家裡整理乾淨了？」、「是否懈怠於打掃和洗衣服等？」、「丈夫回家的時候，家裡是否總能保持清爽？」、「是否像丈夫擅長工作一樣，自己亦善於在各種事情上做個傾聽者呢？」、「是否足夠體貼丈夫？」

換言之，第二點就是反省自己「是否體貼」，以現代話來說，即是「服務是否周到」，這亦屬於「正業」的範疇。

特別是在現代社會，探討工作內容的時候，必須要提及服務精神。除了反省「是否犯下嚴重錯誤」之外，第二點所說的「是否能提供更好的服務」、「是否能提供更優質的服務」等等，這些觀點也都是「正業」當中的反省項目。

其次是「正精進」，即朝向正道前進。換言之，「正精進」就是追求覺悟之人，或者說進行人生修行之人所不可或缺的項目。亦即是，檢視「自己是否時刻朝著真理的方向付出努力」。

具體來說，就是反省「自己是否每日勤勉於學習真理」。對於真理的學習，既包括閱讀，並且實踐已經問世的佛法真理書籍；此外，亦包括從名為「人生」的書籍中，獵取各種各樣的知識，這也是「正精進」的內容。換言之，就是從每日發生的事情當中，學習到成為己心食糧、教訓的知識，並且，將其做為智慧運用於未來的生活當中，這是非常重要的。人們無限追求向上的過程中，「正精進」是必不可缺的內容。

6・正念、正定

接下來，我要探討「正念」。從字面上看，「正念」即是「正確之念」。而「念」，就是指人的心念，即抱持著方向性、目的性的心念。

實際上，為了讓自己走向無限美好的世界，「正念」是極為必要的。如果無法達成「正念」，人生道路就會逐漸歪曲，甚至可能走向墮落。因此，必須時刻將「正念」指向神佛的方向，或更高、更理想的方向。藉此，世界才會越來越美好。

在這個「正念」的反省中，或許還可以包括某種意義的祈禱。換言之，因為是糾正自己朝向未來的心念，所以也可以將向佛神的祈禱列入「正念」當中。

此外，還可以將描繪願景的瞑想，列入「正念」的項目。這是一個對於未來的自己創造出積極形象，並透過持續描繪如此願景，進而實現夢想的方法。雖然只是一種實現自我的方法，但這種自我實現也可以列入「正念」當中。

因此，如果要進行這個「正念」的反省，就必須檢視「一天之中自己對自己的自我願景、未來願景是否是錯誤的？」、「自己是否時刻朝向未來遂行著工作？」、「自己是否有著對於未來的心念？」、「對於佛神的心念是怎樣的？」、「對自己的守護靈、指導靈，是否存有感謝的心念？」、「對守護靈、指導靈抱持了錯誤心念時，是否率直地向他們道歉了？」我認為這種感謝的心念，亦必須做為「正念」的反省內容。

八正道的最後一個項目，即是著名的「正定」，亦即「正確入定」的意思。換言之，就是要擁有精神統一的時間。關於「正定」的修法，各個宗教均有所不同，但基本上都是調整呼吸、保持內心的平靜，並創造能夠與自己的守護靈、指導靈進行對話的狀態。

此外，對於初學者而言，「正定」即是檢視自己「是否每日凝視己心、並擁有反省的時間？」、「是否擁有祈禱的時間？」、「是否擁有瞑想的時間？」、「是否擁有一定的時間，一邊靜觀己心、一邊反思自己？」這是非常重要的。

「正定」，是越修行越進步的內在修行。換言之，隨著修行的深入，人的靈道就會逐漸開啟，於是，人就能夠聽到自己的守護靈、指導靈的聲音。此外，人還將獲得各種各樣的靈性能力，並逐步實現美好的未來。「正定」的極致之處，就在於精神能夠與大宇宙合為一體。與大宇宙合為一體，即是與終極之神相連結的修法。

因此，人可以超越人的限制，能夠脫離被肉體束縛的三次元世界的自己，擁有與四次元以上的實在界相通的「心」。透過如此豐富的「心」積累未知的體驗，並且能透過偉大的認識力來反觀自己的人生。如此的黃金法則，就存在於「正定」當中。由此，做為實現「正定」的出發點、第一步，擁有反思自己的時間、精神統一的時間，也就變得非常重要了。

7．從心的淨化走到探究正心

本章依循八正道，簡單地講述了「心的淨化」。當然，淨化心的方法，並非只侷限於這些內容，但有一點可以斷言的是，心的淨化是不可能一朝一夕完成的。因為無法集中起來進行一整個月、一整年或整個人生的反省，所以首先從一點一滴地開始反省是非常重要的。若是到了一定年齡以後，才開始淨化己心的人，就必須先從年幼時開始，逐步按照年齡順序來反觀自己。如果無法回憶起年幼時的往事，那麼反過來，從最近一年開始慢慢回憶過去之事，亦不失為一個好辦法。

希望各位要知道「沒有心的淨化，就談不上對於心的探究」，「探究正心，亦必須經過心的淨化過程，才能得以實現」。

第五章 心的結構

心

1・心與腦的關係

本章我想要講述「心的結構」。在現代的社會中，存在許多所謂的心理學家或精神醫學家。雖然他們也在探究「心」，或者說學習「心是何物」，然而做為實際問題「心到底是什麼」，他們卻並沒有解釋得非常透徹。

譬如說，有許多人認為「心位於大腦皮層的腦溝當中」，也有人認為「腦溝的數量越多，心就越豐富」。還有人說「本能的領域，存在於好比說大腦皮層當中的舊皮層，即孩童時期產生的部分當中；而各種各樣的創造性領域，則存在於新的皮層當中」。

此外，還有人表示「創造性的心的部位，存在於大腦的前額葉；而後腦的部位，則掌管著運動等領域。大腦旁邊的側額葉，即大腦的側部，掌管著敏捷度、反射神經、運動神經以及反射作用等」。如上所述，各種人給出了很多說法。

因此，在講述「心的結構」之前，我想要首先探討有關於「心和腦的關係」。

首先面臨的問題就是：「心即是腦，腦即是心嗎？」就結論而言，這是錯誤的。因為「腦」只是與「心」進行聯絡的場所，不過是聯絡迴路。這就好比是電腦的迴路，如同電腦一般的機器，這即是腦部。

即便向電腦輸入指令之人本身是正常的，但如果電腦出現故障的話，那也無法正常運作了。同樣的道理，就算人心是正常的，但如果大腦有一部分受損的話，那此人也無法正常地控制自己的情緒。希望各位能理解到，大腦的前額葉掌管著創造領域，即思考、創造的領域，其實就如同於電腦是由人心掌管著創造領域一樣。

其證據就在於，譬如人的肉體和大腦在火葬場被火化了，但即便死後回到靈界，人做為靈魂還是能夠思考。對於靈界當中的靈性存在，以及他們透過靈界通信的方式現身於世間之事，亦已經被很多人實際證明過了。

換言之，就算沒有大腦，人也可以進行思考，而且是富有個性的思考方式。換句話說，各個靈人也有著特有的個性。

由此，我們可以斷言，人並非是透過大腦，或是大腦的腦溝進行思考的。

2·睡眠狀態下，心與大腦的機能

然而，還有很多人並不瞭解死後的世界，所以僅憑上一節的說明還不夠充分。因此，如果說得更現實一點，假設人就是用大腦思考事物的話，那麼在睡眠狀態下，又是如何思考的呢？

在白天的時候，人可以感覺、思考很多事情，可以和別人說話，亦可以聆聽別人講話等等，能夠遂行各種各樣的事情。可是，睡覺的時候是怎麼樣的呢？人在睡覺的時候，即便被他人說壞話，也完全不會感到生氣；或者別人稱讚自己，也絲毫意識不到。

其中，也有人在睡眠的狀態下，不知道發生了地震；也有人在睡眠狀態下，就像夢遊症患者一樣走到陽臺、睡在外面，但此人都沒有知覺；還有人在睡覺時，被別人捏鼻子也毫無感覺。

對於這些事實，如果說是透過神經作用傳達給大腦，再由大腦做出的反應，那真的很荒唐。要是透過神經迴路與大腦取得聯繫，由大腦進行全面思考的話，那根本是說不通的，若是如此的話，那麼即便是在睡覺時被別人捏鼻子，人也一定會有感覺；或者是睡眠狀態下被別人說壞話，也一定會感到生氣。

然而，事實上人在睡眠狀態下，是完全沒有這些反應的；特別是處於深層睡眠的狀態時，人更是毫無反應。

這就表示「心」並不在那裡，至少可以說在睡眠狀態下，「心」不在那裡。在睡眠狀態下，大腦在正常運作，心臟也在跳動，神經亦不會睡著，但即便是如此，人對於各種刺激還是毫無反應，這說明了「心」「腦」的差異。

這就好比是電腦雖然還插著電源，可是向電腦輸入指令的操作員卻不在那裡，因此它就毫無反應，這就是事實。

3・夢與靈界的活動

那麼，當人處於睡眠狀態時，「心」實際做什麼去了呢？

做為最常見的實例，即是每個人睡覺時都會做夢。在夢中，有時會去了似乎很久以前自己曾去過的地方，或者是在夢中可以飛翔在天空、潛入海底，亦或是深深地跌落地底下等等，做夢時會出現各種各樣的夢境。而最顯著的特徵即是，能夠立即前往所想的地方，或者是迅速改變場景，我想每個人都有過類似的經驗。

這就表示在做夢過程中，人不僅僅是在思考而已。譬如說人的腦波，每一到兩小時就會出現「快速動眼期」，即腦波會發生變化。這段期間，通常被認為是人在做夢的時間，一般而言，每晚會出現三到四次做夢的時間。如果測量腦波的話，就會發現在一定時間當中，就會有腦波發生變化的時間。若是此時叫醒此人的話，他必定會說自己正在做夢。

反之，若是在這段發出特別腦波以外的時間叫醒此人，那肯定沒有在做夢。這段期間，只不過是肉體正在休息。然而，如果測量腦波的話，會發現還存在著「快速動眼期」的時間，並且以約兩小時為一個週期出現。因此，每晚大概會出現三到四次，在這段期間，人就會做夢。有時候，一個晚上會連續兩、三次做相同的夢。若將此人從夢中叫醒的話，他會說自己總是做相同的夢。第一次、第二次，直到第三次叫醒他，他還是會說自己看到同樣的夢境。

這種時候，實際並非是在觀看自己創造的夢境，或者說自己編排的電影，而是自己的「心」在睡眠狀態下，前往了靈界。事實上是做為靈魂核心的「心」，脫離了肉體，去到了靈界遊玩。

或許有人會擔心「此時肉體不就成了空殼子嗎」，但事實上，脫離了人體的靈魂，或者說「心」，是透過自古所稱的「生命線」——即銀色的「靈子線」連接著人體的。因此，實際上透過靈眼，就能夠看到靈界當中居住著很多靈人；同樣，世間之人亦能夠時常在睡眠中脫離肉體，前往靈界。而且，因為世人的後腦勺部位繫著一根銀色的「靈子線」，所以很容易就能夠判定其為世間之人。

因此，即便是靈界之人，有時亦能夠與世間之人進行對話。然而，世間之人雖然是跟各種各樣的靈人見了面、說過話，但當其恢復意識、睜開眼睛以後，對於跟靈人之間的對話難以用常識進行解釋，所以就按照自己的方式，自行在潛意識當中進行翻譯。

於是，明明自己是在實在界中見到了完全不相識的人，但自己亦會將場景設定為與世間之人的朋友、老師等人見了面、說了話。不過，實際上很多時候並非是如此。即便是自以為看到朋友的臉孔，但仔細想想，那個人的工作跟朋友的工作完全不一樣，所想、所做之事也不同。只不過，自己感覺好像是跟朋友說了話。

這其實是被翻譯過的場景，在回憶夢境之時，由於很難將它原原本本地重現，所以就誤以為那是世間發生的事情。

此外，有時還會出現活於世間的兩個人，在睡眠狀態下同時靈魂出竅，並在靈界碰面的情況。還有人在夢中，去了美麗的原野、花田，或者是近現代的建築物當中等。經歷如此夢境的人，其實是看到了天國的景色。

反之，也有人在夢中，去到了漆黑一片的地方，總是被人追趕。譬如被鬼掐住了脖子，或者被放在地獄的大鍋裡烹煮，就在快被煮熟的時候，突然驚醒了。這種人的「心」則是去了地獄。

4．在睡眠中做夢，即為「世間是虛假世界」的實證

如此透過在夢中親眼看到天國、地獄，人就能在活著的時候積累相關經驗了。雖然前世的記憶被消除了，但是做為補充方法，神賜予了人們睡眠時間。並且讓人在睡眠之中、做夢的時間裡，去到靈界積累各種

各樣的經驗，以免讓人們死後感到困惑。

原本是不需要讓人擁有八小時睡眠時間的，因為這是很奇怪、很荒謬的事情。如果這個三次元世界就是全部世界的話，那麼讓生活在這個世界的人必須做夢、必須睡覺，反而是非常不自在的事情。如果世間就是全部世界的話，那麼讓人在二十四小時當中休息八個小時，就是非常不利的事，亦是浪費時間。還不如讓人滿滿工作二十四小時，會使人生更加充實。

然而，事實卻並非如此。人每天都要回到靈界「遊玩」八個小時，這占了一天的三分之一，這樣的人生效率非常低。可是，神為何要特意給人睡眠時間呢？那即是為了讓人能回到靈界。

如果不這麼做的話，當人真正失去意識的時候，即死亡之時，將會感到非常困惑。即便是有人活著的時候，即表面意識在發揮作用的時候，不相信靈魂、神等等，此人在睡夢中亦必然有過靈性體驗。因此，在死後回到靈界的時候，有人最初非常震驚，為何自己沒有肉體卻能夠存在？但認真想想，自己又好像在哪裡經歷過，那即是在夢境中經歷過。於是，所有人都將回憶起夢境。

人死後最初會來到天國般的精靈界，看到花田和精靈們時，會感覺自己來到了很棒的世界，同時也會感覺到似曾相識，再仔細看看，就會發現這其實是夢中見過的場景。如此，透過似曾來過此地的感覺，於是就會回憶起夢境。

此外，墮入地獄的話，也會震驚於那不可思議的感覺。自己明明是死了，可為何還會來到地獄一般的地方？但仔細觀察後，才知道原來在夢中見過這場景。原來是因為自己馬上要進地獄了，所以在墮入地獄之前，做為事前練習，在夢中去過幾次地獄啊！於是，人就會回憶起夢境。如此一來，就能夠為靈界的生活做好準備。

因此，人擁有睡眠、會做夢，這本身即為「世間是虛假世界」的實證。

5・從靈界的角度看來，世間的生活就如同於冬眠

反之，從靈界的角度看來，在世間擁有六、七十年的人生，就如同於靈魂在睡眠一樣，或者說，就好像是在冬眠。在原本的世界當中，暫停了工作，即處於冬眠狀態。這就好比是熊到了冬天，就要在洞穴裡睡上三、四個月。熊原本的生活就是從春天忙到秋天，尋找食物，生育、養育小熊，然而到了冬眠期，就會一直睡覺。換言之，熊是在秋天囤積食物後進入冬眠的。

從宏觀的角度來看，人亦被賦予了像熊一樣的冬眠。至於冬眠的週期，則是因人而異。有人每隔十年就轉生一次，也有人以五十年，或三百、一千、兩千年為週期，轉生到世間；就平均來說，週期是三百年左右。即從實在界看來，每隔三百年左右，就有一次為期約六十年的冬眠期。

如上所述，每隔三百年左右就睡一覺，為期約六十年。而這段睡眠

期所做的，其實就是在地上界生活。

因此，從靈界中靈人的角度來看，結束世間六十年的生活、重新回到靈界，就相當於從冬眠中醒來一樣，靈人會感覺「你終於從夢中醒來了啊！」

換言之，從靈界的角度看來，世間是夢境，而靈界才是真實的。

相信很多人都有過這種經歷，感覺自己正在做著各種有趣的事情，但突然醒來後，卻發現自己正在漆黑一片的棉被裡睡覺。

正所謂「反之亦真」。生活在地上界，正在做夢的瞬間，從靈界的角度看來，卻是醒來的瞬間。稍微清醒了一些，然後又睡著了，後來再醒來、又繼續睡著。人生就這樣重複著睡與醒。

因此，在做夢的過程中，一旦靈魂脫離肉體，回到了靈界，靈界的朋友們、老師們就會在睡眠中教導：「你有沒有認真工作？有沒有忘記靈界啊？要認真遂行自己在實在界中計畫要做的事啊！要記得修行啊！」

可是，當靈魂返回肉體，人從夢中醒來時，又會忘記這個事實。於是，有人又開始因為早餐的荷包蛋太多或太少、火腿煎得太焦，或味噌湯太難喝等等，而跟自己老婆吵架。總之，完全忘記了夢裡發生的事。

由此可知，世間與靈界、夢境與現實，實際是正好相反的。

無獨有偶，「老莊思想」中的莊子也講述過同樣的內容，即「莊周夢蝶」的故事。

成語「黃粱一夢」，也有一樣的寓意。這句成語主要是講述在煮一頓飯的時間中，迷迷糊糊所做的夢，最終不知到底夢是現實呢？還是現實才是夢？

故事概要如下：在中國的唐朝，有一位名為盧生的青年。他在趙州的首都邯鄲過著貧困的生活，某日有位道士借給他一顆枕頭，在小寐時夢見自己正過著榮華富貴的生活。可是一覺醒來，卻發現鍋裡的黃粱米飯（小米）竟然還沒煮好。

如上所述，現今各位在三次元世界當中的實際生活，其實只是一場夢。譬如說，你現在是大公司的總經理，或是一位大宗教家，或者參加了反對政治的遊行活動等等。然而，這一切其實都是夢，現實正好是與此相反的。

因此，轉變立場，進行思考，是非常重要的。

總之，「心」實際並非是頭腦。我想要指出的是，「心，其實就是靈魂的核心」。

6・對「靈魂」一詞先入為主的想法

至此我已經講述了「何謂心」，接下來我想進一步地詳細探究「心的結構」。自古以來出現的「靈魂」、「心」、「精神」等詞語，其實所指的皆是同樣的概念。

現代的日本人，相信「精神」，說到「人具有精神」，大家都會認同。如果問及「人有心嗎」？大家也會給予肯定的回答。若在街頭做問卷調查，提問「你認為人有心嗎」、「人具有精神嗎」，大概百分之百的人會回答「有」。然而，倘若問道：「人有靈魂嗎？」恐怕只有百分之二十到三十的人會回答「有」。

或者再問：「靈，存在嗎？」恐怕也有半數以上的人會否定。

由此可見，人們對詞語帶著一定的主觀印象，因而並不理解其原本的含義。不管是「精神」、「心」，或者是「靈」，其實指的是同樣的意思。

若要勉強說出不同之處，那可以說「魂」是更為重視外在事物的表達，而「心」則是將心的運作、機能等當做為重點的表述。此外，「靈」常常用來指靈界的存在。換言之，當人性的感覺淡化，變成模糊的意識體時，常使用「靈」一詞。另外，「靈」也指已經進入人體當中的靈性能量。就像這樣，這些詞語在表現方式上有所不同。

7・靈魂是以幽體、靈體、光子體的順序組成的多層結構

人的靈魂，實際是由好幾層結構組成的。若是研讀過各類書籍或宗教書籍的人，應該會對此有所瞭解。

好比說，肉體的內層存在著幽體，而幽體的內層存在著靈體，靈體的內層又存在著光子體。就神智學而言，會將靈魂視為是各種覺智（Buddhi）的結構，或者是各種精神層次的結構等，存在著諸多不同的說法。雖然表述方法不同，但全都講到了「人的靈魂的結構，實際是一個多層結構體」。

首先，處於人體最外層的是肉體，在肉體的內層存在著「幽體」，這幽體實際就是四次元世界的交通工具。過去常常使用二分法，認為「肉體只是三次元的交通工具，而肉體以外的部分就是靈魂」，並藉此區分「物質世界」和「心的世界」，或者說「肉體」和「靈界」，但實際上並非是如此。如果說「肉體是三次元的交通工具」，那麼「幽體就是四次元的交通工具」。正如同於三次元地上界的人們，乘著「肉體」生活一樣，四次元幽界的人們，則是乘著「幽體」生活。

因此，從四次元世界上升到五次元世界的時候，就必須脫掉這個幽體。於是，就像是在地上界時，肉體會面臨死亡，舉行葬禮一樣，幽體也會死亡。必須要脫掉幽體，才能夠上升到五次元世界。

之後，來到五次元世界，是乘著名為「靈體」的交通工具生活；五次元世界也有五次元世界的交通工具。

隨之，從五次元世界上升到六次元世界的時候，又必須要脫掉靈體，並且換成某種意義上的「光子體」。

從六次元世界上升到七次元菩薩界的時候，又將發生什麼事呢？此時，存在於光子體當中，更為本質性的東西將會顯現出來。總之，也要脫掉這層光子體，然後，就出現了「光神體」。換言之，來到七次元世界，就是乘著名為「光神體」的「身體」生活。

接下來，從七次元世界進入了八次元如來界的時候，要搭乘怎樣的交通工具呢？到了如來界以後，則是搭乘名為「神體」的靈魂交通工具，這是八次元世界使用的交通工具。

從八次元世界上升到九次元世界以後，就不再有如此的「身體」了，而只是「能量」。到達八次元世界時，還有著所謂的靈性「身體」，存在著雙手雙腳。在那裡，有人還是藉由如此靈體生活。將如此的靈體脫掉以後，就會變成氣體了。來到九次元世界以後，靈魂就將會變成如同於氣體、能量體，或者說電磁波般的靈魂一般的存在，此時已經沒有形體了。

如上所述，正所謂「色即是空、空即是色」，原本世界並非只有肉體和靈體而已，三次元世界有著肉體，四次元世界有著幽體，五次元世界有著靈體，六次元世界有著光子體，七次元世界有著光神體，八次元世界有著神體，而九次元世界則僅有能量。在九次元世界，只將剩下光明的能量、光的能量。

8・竹筍殼的比喻

「心」，就好比是竹筍殼一樣，是由多層結構組成的。這樣進行思考，反而會更容易理解「人心的結構」。竹筍最外層的殼，不是都很粗糙嗎？為了保護竹子中間的筍肉免受雨水侵襲，並為了保護它免遭土壤的侵蝕，最外層的竹筍殼會很粗糙。三次元世界的人，就是裹著這層殼生活的。

然而，來到四次元世界時，就要脫下這一層殼，即肉體必須死亡。如此一來，就會出現其內層的殼，並以此生活在四次元世界。

上升到五次元世界時，要再脫掉一層殼。來到了六次元世界時，又要再脫一層殼。於是，就能慢慢看到裡面的「芯」。

總之，人心的結構，就好像是竹筍一樣。所有人的心，都有著多層的結構，就像是竹筍的結構。

好比說同心圓，只要將軸心固定在一個點上，就可以畫出許多層的同心圓。而人心，也正是如此構成的，最外層的圓是肉體，下一層是幽體，再來是靈體等等……。

因此，之所以說「人皆為神子，原本即是神子、是平等的」，就是因為實際上人心有著如此的結構。

綜上所述，心的結構就是三次元肉體的內層有著四次元層、五次元層、六次元層、七次元層、八次元層、九次元層。其核心部分，也就是「芯」，即是與十次元相連接的。如此，心是多層結構的組成。

因此，降臨到地上界的「光的指導靈」，就好比是竹筍剝掉三層殼以後的部分，或者說竹筍中最好的筍芯部分。這種人即為「光明指導靈」。

如果長出了可食的幼嫩竹筍，那麼人們在山裡散步時，就能順手取來吃了。

不過，竹筍裹著殼層，一般是不能直接食用的。雖然原本同為竹筍，但有人尚裹著表殼，有人卻已經剝好殼了，這就是不同之處。換言之，有人是已經洗掉了世間污垢與灰塵的「覺悟之人」，即已經剝好了殼的人，也就是已經去除了肉體這層殼，覺醒於靈性世界的人。

竹筍從土壤中剛剛發芽時，其實是很柔嫩的，但探出地面後，就慢慢裹上了一層表殼。同樣地，人剛剛誕生在地上界時，原本心的結構也是很柔軟的。然而為了保護這顆心，就慢慢創造了做為那個稱為肉體的外殼。

9・關於覺悟的平等觀和差別觀

從這個意義上來說，人必須抱持著平等觀和差別觀這兩種觀點。所謂「平等觀」，就是將所有人都視做同樣的竹筍。人皆是包裹著很多層殼的存在，其中心的部分存在著真我的自己，不撒謊、不虛偽的自己，不對自己說謊的心。做為如此神子的自己，就存在於其中心。

然而，從「差別觀」的角度來看，從公平的觀點來看，每個人所裹著的殼層數目其實是不一樣的。這就好比說有人是像可食的幼嫩竹筍一般，也有人是裹上了粗糙表殼的老竹筍，這就是不同之處。

各位可以這樣來思考，悟性較高或者修行程度較高的人，就是已經剝了殼的人；反之，悟性、修行程度較低的人，則是還裹著殼的人。

然而，雖然說有人尚未開悟，或被稱為是壞人，但實際上，這並不表示有著名為壞人或好人的竹筍。所謂「壞人」，就是指裹著表殼，沾滿了泥土的竹筍；就好比說即便有人臉上沾了泥土，也並不表示此人的內心是髒的。所謂的「壞竹筍」，其筍芯還依然是乾淨的，只不過暴露在外的表皮破損了或變髒了而已。

「本來無惡人」、「本來無肉體」和「本來無疾病」等觀點，講述的都是這道理，即是外表有著一層名為「肉體」的粗糙表殼而已。人的肉體生病了，拿竹筍來說，就相當於表皮受傷，或破損了一部分，這就是人的疾病。

因此，雖然說世間有好人、壞人，但原本是沒有善惡之分的。只存在著是否裹著表殼的差異，或者說，就好比是有無異物跑進了眼睛裡的差異一樣。將眼中的異物取出來以後，所有人皆為神子。然而，世間卻有人因為異物跑進了眼睛裡，所以不知道自己在做著壞事。

因此，本章內容既說明了「本來無惡人」、「本來無疾病」等觀點，亦解釋了「人是平等的」、「人心的世界存在著階層」、「靈界當中存在次元差異」等真實。

總之，人心就像竹筍一樣，是由多層結構組成的。換言之，只有認識到「人是持有著這種心的結構」，才能夠理解人原本的姿態。

因此，醫學家和心理學家們，只不過是在致力研究這個竹筍的表殼而已。他們的觀點就是「在表殼有著神經，這即是思考的中樞所在」，換言之，他們根本不瞭解事實。

為了消除這個誤解，今後還必須進一步地明確如上說明的「心的結構」、「心的構造」。

第六章 心的力學

心

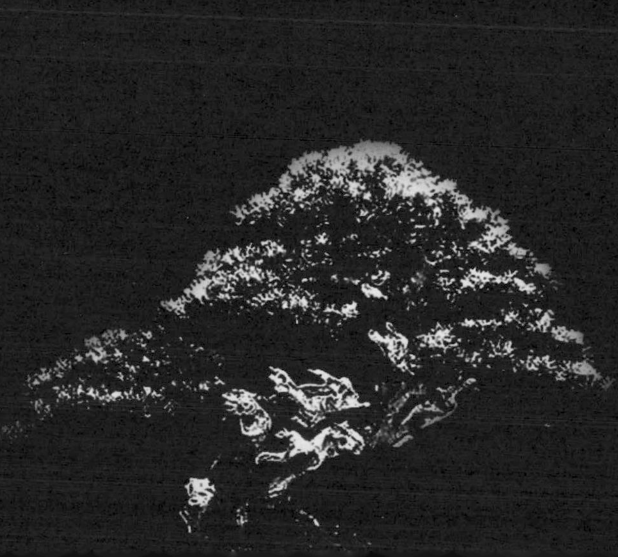

1．念力做為心的力學

在本書的第一章，我就「正心」進行了概述，第二章探討了「心與煩惱」，第三章講述了「心的狀態、心的諸相」，第四章探究了「心的淨化」，並在第五章討論了「心的結構」，即講述了心就像竹筍一樣有著多層結構。在第六章，我想要講述關於「心的力學」的內容。

在本章，我想要將論述的重點放在「心的法則」，或者說「心的力學」方面。換言之，「心的作用」將成為本章的中心論題。

正如各位所知，人的「心念」擁有力量。提及「心念」擁有力量的時候，常常會使用「念」，或者是「念力」一詞。譬如說透過念力點火，將原本沒有燒著的木堆點燃了；或者是透過念力完成各種事情、表現自己，再或是透過念力將他人推倒等等。

自古就有個傳說，為了咒殺自己憎惡的人，而在午夜時分進入竹林，將五吋長釘插進稻草人身上。現實當中亦存在這種事情，因為「念力」真的有著這般力量。而且，除了靈性世界能對世人發揮的靈性作用以外，活著的人亦能夠發揮靈性作用，在古語中稱之為「生靈」。

所謂「生靈」，並非是指某人的靈魂出竅，依附在他人身上，使人遭受痛苦，這不叫做生靈。生靈，是指活著之人的念波。

譬如有人比較會操心，總是想著某人的事情，如此一來，這種念波就會傳達、依附在對方的身上。因此，通靈者就能看到此人的身姿伴隨著對方。然而，那並非是幽靈，而是活生生的人。

另一個常見的例子，就是談戀愛。男女一旦成為戀人，就會常常想念對方，心裡總是放不下對方。在某種意義上說，這也是一種生靈現象。

因此，倘若是一對一的情況還算好，但譬如說有些女性，具有著能當選環球小姐一般的美貌，若同時被幾個、幾十個男人愛慕，那就時常會收到這種念波。如此一來，很多人就會出現各種不適，如頭痛、腰痛，或者是容易罹患婦科疾病，這些都是各種男性的念力造成的。

就算不是被特定的人喜歡，在搭乘電車的時候，也會發生類似情況。只要是美女，就常常會吸引各種男性的眼光，即接收到各種念頭。由此可見，念力是儼然存在的，而且會朝向目標飛去，這即是一種「心的作用」。

此外，這種現象絕非僅限於美女身上，類似於總理大臣的職位亦是如此。如果是從人民那裡獲得讚賞的話，對於此人而言就是大好事；但如果是不斷遭到眾人批判的話，其身體狀況就會逐漸變差。在日本的幾任總理大臣當中，就有人變得下半身不遂，動都動不了。這應該都是來自國民的強大念波、生靈的力量所致吧！

宗教家也是一樣，一旦成為能夠治癒眾人疾病的宗教家，那麼來自全國各地的人們就會傳來求治病的念波。如果這種念波不斷傳來的話，該宗教家就會逐漸感到痛苦，身體狀況也將日漸變差，這種情形也是時常發生的。

實際上曾有一個宗教，很流行做「疾病轉移」的修法，即教祖透過

「轉移」的方式，將信徒們的疾病轉移到自己身上。為此，教祖總是處於痛苦之中，但雖然這麼說，現實中是不可能發生的。

雖然世間沒有一個教祖擁有足夠強大的力量，能夠將信徒的疾病、痛苦全部轉移到自己身上，但做為一個現實問題，教祖卻常常因為原原本本地接收了眾人的念波，所以出現身體不適。

因此，通靈師或者是幫人治病的靈性治療師，往往容易患病，甚至面臨窮途末路，大致都是因為這個原因。

2・心念擁有創造力

如上一節所述，「人的意念、心的作用，具有一股力量」。只不過在地上界的時候，對此難以察覺到，但是離開地上界，回到四次元以上的世界時，就會更加明瞭了。人的意念，擁有著創造具體事物的能力。

譬如說，靈界的人是沒有肉體的，所以當然也不需要穿衣服。然而，地上界的人看到靈人們的姿態時，卻總是穿著衣服的。好比說已過世的老太太，的確在火葬場被焚化了，不過老太太卻是穿著喜愛的和服前往靈界的。

此外，生前喜歡條紋領帶的人，即便是變成了幽靈，或者說靈界的靈人，也總能看見他戴著條紋領帶。那麼，這些領帶、西服等，是在靈界製造並出售的嗎？事實並非如此。靈界當中的靈人們，只要在心中想像自己戴著領帶、穿著和服的樣子，如此想像就會變成現實。隨之將會出現相應的實在感，所以就能實際看到他們戴著領帶、穿著和服。

所以，意念是擁有創造力的。因此，靈界的靈人，祂們能夠藉此瞬間改變樣貌。靈界的靈人之間進行交談時，是一種裝扮，但是當世間的人，好比說以「幽體出竅」的方式脫離肉體，來到靈界之時，為了讓此人能夠知道自己是誰，就會瞬間變回自己在地上界時的樣貌。

此外，年齡也是如此。世人一般是活到七、八十歲，死後才前往靈界，所以原則上來說，靈界的靈人們應該都是老人才對。但實際上，老人並不是很多。雖然也有人會打扮成老人的樣子，以長老的姿態出現，但大多數的靈人都是年輕的容貌，並且是青春永駐。大多數的靈人始終保持著年輕姿態。由此可知，在靈界當中，可以變成自己所想的姿態。

3·心念即是人的本質

但即便是在靈界當中，每個人持有的念力也是有所不同的。如果是念力很強的人，甚至能夠透過念力，讓具體物體顯現出來。譬如說，有的靈人持有非常強的念力，只要在心中念著房子，房子就會立刻出現。再譬如說，有的靈人在心中念著「想要去到原野」，於是在一轉眼間，自己就從城市飛向了原野。

如此看來，在靈界的世界當中，「心念」即為力量本身。「心念」一方面是創造物體的力量，另一方面亦是行動力。換言之，「心念」有著足夠的力量，能夠瞬間轉移空間。而且，既可以創造物體，亦可以進行破壞，還可以轉換空間。

如此一來，所謂「心念」，即是人的本質。神就是透過這種「心念」，創造了人，然後人又透過這種「心念」，創造了形形色色的東西。

不僅靈界是這樣，世間亦是如此。在世間，譬如常聽人說「人過了四十歲，自信就會顯現在臉上」。之所以說「年過四十，自信會流露在臉上」，就是因為在心中持續想了四十年時間的事情，勢必會顯現於外表。這是無法掩飾的，心的內涵必定會顯現在外表的。

4・心的狀態會顯現於外表

觀察力敏銳之人，僅憑觀看外表，就知道一個人的職業，其中，最容易得知的就是流氓的類型。大概有百分之百的人會知道他們是流氓，因為只要看到他們的外表、搖肩方式、臉部表情和眼神等，就可以得知了。

此外，學校的老師也很容易辨認。不管是幾年、幾十年，凡長年站在講臺上的老師，那也是看一眼就知道了。

好比說國文老師，此人每天早晚都在看孔子的《論語》，並持續朗讀著「子曰：『有朋自遠方來，不亦樂乎。』」而且，每天都要如此教導學生。久而久之，他全身就會散發著國文老師的氣質。如背部挺直、舉止端莊、臉部稍稍上揚，總之是充滿了正人君子的氣息，怎麼看他都覺得像國文老師。

英文老師亦有著英文老師的氣質，好比說他時不時將眼鏡往上推的手勢，就很有外國人的味道。此外，他攤開手的姿勢，看起來也像外國人。總之他舉手投足間，就帶有英文老師的感覺。

此外，警察也有警察的氣質，就算此人脫掉制服，也還是挺拔的警察樣。此人的肢體動作、手勢等，雖然不是有意要炫耀身份，但總會流露出警察的氣質。

長年掌廚的人，總帶有廚師的感覺；一直做生意的人，舉止就會有生意人的樣子；而做為政治家，就會感覺到此人強勢的態度。如此，各行帶有各行的感覺。

宗教家也是如此。若是長年從事宗教家的工作，全身上下就會透著「非平凡人」的氣質。如此這般，心會對外表產生非常大的影響。當然，有人會被某些宗教家的外表給矇騙。

譬如宗教家當中，有很多人在活著的時候已被惡靈附身，因而講述著錯誤的教義。對於這種人，覺醒於靈性世界的人，能立刻察覺到此人是被惡靈附身，或是面相變得很差。然而，信徒們並不瞭解事實，還有人誤以為是「大師承受了我們的業，所以面相才會那麼痛苦」，但那真是天大的誤會。

5・「色心不二」的意義

即便是世間的人們，亦能夠一目瞭然地看清他人正在做什麼事情、從事著怎樣的工作，這是因為心念一直持續的話，就會逐漸顯現於外表。

所謂的「色心不二」，絕非是單純地說明「健康的肉體中寄宿著健康的精神」，或是「健全的精神寄宿在健康的肉體」，而是指「精神或者說心，亦將會影響到肉體」。如果「心」生病的話，身體也會患病。

總之，心中所念之事，都將會顯現為肉體的姿態。

單看眼睛也能知道，眼睛是非常神秘的。有的人有靈眼，眼睛閃耀發光般潤澤。此外，還有的是看上去就是精神異常之人的眼睛，這些人一看他們的眼睛就會立刻知道了。他們的眼睛是很奇怪的，好像渾濁不清，因此，人們常說「眼睛是心靈之窗」。

常有父親在女兒尋找結婚對象時，告訴女兒：「選擇男人時，要看他們的眼睛！」據說：「眼睛會發光的人才會有出息，所以要選擇這種男人。」這也實在是很難判斷啊！人的眼球，大概只有直徑二公分、二點五公分，眼球周圍有著水晶體、視網膜和晶狀體等等。所謂「眼睛會發光」，也僅是反射了太陽光而已。同樣是反射太陽光，但不知何故發光方式卻不一樣。既有清澈的眼睛，也有混濁的眼睛；既有陰險的眼睛，也有沉著的眼睛，還有溫和的眼睛等等，這是很有趣的事情。並非是人們刻意要製造出這般外表，但它卻自然出現了。明明都是反射太陽光，但發光方式卻出現不同，眼睛真的是很不可思議。

然而，在離開世間的實在界，即回到四次元以上的靈界時，這就變得理所當然了。在靈界當中，人的外表即是心念本身。天使就是天使，惡魔就是惡魔。惡靈不可能顯現為惡靈以外的姿態，高級靈也無法呈現為高級靈以外的姿態，那是無法掩飾的，而這個道理也適用於世間。

因此，在世間我們想要檢視己心的話，做為檢視的基準，首先觀看顯現於肉體的各種現象，就能非常清楚。身體總是生病的人，此人的心一定也生病了；面相很差的人，心裡也必有問題。有人眼睛會上揚，有人生起氣來，嘴巴竟然能咧到耳根。還有人鼻子其實並不高，但怎麼看就是感覺很高，這完全是心的作用。由於人是一定程度的靈性存在，所以即便無法靈視，但也能感受到心的作用。此外，還有人很愛說話，總講個不停的人，大多都是心裡有問題。有人是心裡有鬼，為了要隱藏心事，或是害怕被別人看破，所以就一直拼命地講話。總而言之，從人的外表、肉體，或者是透過肉體發生的現象，可以推測出此人的「心」。

6·波長的原則

本章的主題是「心的力學」，所以在本節我想講述關於「心的力學」的另一個方面。在上一節當中，我說過從力的角度看，心即是念力。「念力」既是創造物體的力量，也是破壞的力量，且還是行動的力量。

此外，關於心和力量的關係，從力學的角度來看，存在著人們常說的「作用與反作用的法則」。這與「種瓜得瓜、種豆得豆」，或者說「善有善報、惡有惡報」的說法是一樣的。既然存在著作用與反作用的法則，接下來我還想對此進行探討。

關於人心的問題，上一節當中列舉了很多人心中念著某位美女的話，這種念波就會傳到這位美女身上；如果人民批判政治家的情感集結在一起的話，那個政治家就會生病。那麼，活著的人就必須受到這種生靈、意念的影響嗎？

心念確實是可以自由自在地飛翔在地上界，所以一旦連續接收到很多的意念，尤其若是接收到很多惡念的話，人的心就會變得亂糟糟地，甚至還可能被惡靈附身。然而，此時最重要的事情就是，意識到有一個貫穿於地上界與靈界的法則，即「波長同通的法則」。因此，即便有惡念飛過來，但如果自己沒有相同的波長，那就不會受到它的影響。此外，來自高級靈世界的意念也會飛過來，但如果自己沒有足以接收它的器量，那就無法接收到那意念。

總之，首先必須要知道這個波長的原則，即「相同波長者，意念是相通的」。也就是說，若想接收到耶穌的訊息，就必須發出和耶穌相同的波長；若想接收到佛陀的訊息，就必須有著與佛陀相通的波長。

小說家也是如此，常常透過靈感，構思故事情節，而這些靈感，大部分來自於靈界。小說家雖然是接收來自自己的守護靈或指導靈的靈感，但也不是什麼時候都能接收到。譬如說在苦思許久之後的放鬆狀態下，會突然降下靈感；在搖晃的電車裡面，也會突然出現靈感等等，靈感總是突如其來地閃現。然而，靈感並不是時常來造訪的，要接收靈感，這本身就是很困難的事。

7. 磁場的原理

做為貫穿於世間與靈界的法則，存在著「波長同通的法則」。而根據另一個「作用與反作用」的法則，波長不合的人之間，就會產生排斥反應。

磁鐵也是如此，磁鐵有著相斥和相吸的兩極。相吸的話一拍即合，相斥的話就無法吸住。不管一個人擁有多麼神奇的力量，也無法讓相斥的兩個磁鐵相吸。然而，一旦相吸的兩個磁鐵相互吸住的話，即便是擁有神奇力量的人，也很難將它們分開。同樣一個磁鐵，僅因為方向不同，就會變成這樣。

這個磁鐵的磁場原理，也適用於心的世界。總之磁鐵的原理是，當磁鐵相吸的兩極，即南北兩極相互靠近的話，就能立即吸住；可是，當同極相互靠近的話，就會互相排斥，這是電磁波的流向問題所導致的。

而心的法則，說法正好是相反的，也就是說，若是同類的人靠近，就會相互吸引。若是非同類的人靠近，就會相互排斥，這即是心的法則中的磁場原理。

換言之，時常在思考壞事的人，就很容易接收到他人的惡念，而且會全盤接受。反之，常常將己心磨得發亮、發光的人，就不會接收到他人的惡念，而且會反彈回去，這就如同磁鐵相斥的情況。即便是別人的惡念來到了此人面前，但是念波不相通的話，它就會被反彈回去。

8・批判和忍辱之心

根據這個反彈現象，若是批判擁有正心的人，如此批判就會返回到批判者自己身上，即反彈回去。於是，批判者自己就出現不適。

然而，即便是有著正心的佛法真理使者，若是不滿他人的批判，進而對他人批判的話，結果就是自己吃下了毒，最後自己承受後果。

因此，被他人說壞話或是被他人批判時，首先必須要進行思考。換言之，如果真的是自己不對、自己有錯的話，當然就要停下來仔細想想了。如果認為不是自己的錯，也不要排斥或反駁他人的批判，而是要不斷地磨練己心。如此一來，批判就會返回到批判者自己身上，這就叫做反作用。

由此，批判正心者的那個人，就會逐漸變得痛苦起來。心中感到痛苦以後，自己的批判沒有效力，於是就進一步批判，把壞話說得更重。在他如此行事的過程中，周遭人看了就會開始感到奇怪：「他怎麼老是講別人的壞話，但別人卻完全不是這樣。再怎麼看，都是他的態度有問題。」

特別是在傳佈佛法真理的時候，更是如此。「真實」出現之時，非常容易招致批判，而且是非常強烈的批判。此時的應對方法，其實有很多種。當然，在己方擁有力量的時候，或許可以直接擊潰對方的批判。然而，這種辦法是行不通的。

因為人心是自由的，每一個人的心都是獨立王國，所以無法掌控他人。即便是可以監禁、封鎖或束縛一個人的肉體，也不可能控制一個人的心。

因此，就算是想要威脅、勸阻，或是擊潰那個批判之人，事實上也是不可能實現的。

總之，人心是無法自由掌控的，這是前提，所以必須首先對此進行思考。因此，在講述佛法真理的時候，即便是出現了抗拒者、批判者，做為正確的處理方法，就是感謝批判者的出現，並且進一步磨練自己的正心。之所以出現批判的聲音，或許是因為自己還有不足之處，或是自己的德還不充分。從如此觀點來看，自己就應該保持謙虛，並進一步精進才行。此外，就交由時間來解決。

正和邪，是由時間來決定的。時間終將明確地區分哪個是正確的，哪個是錯誤的。

因此，不管他人怎麼說自己的壞話，透過忍辱之心承受下來是很重要的。如果以同樣的方式進行反駁的話，那就跟對方沒什麼分別了。

此外，除了採用正精進的辦法以外，另一個辦法就是擴大自己的器量。因為就算是螞蟻說了大象的壞話，也不會有誰會在意。只有螞蟻和螞蟻之間，才能夠互相攻擊、互相批判，而螞蟻和大象之間，則將相安無事。就如同螞蟻雖然能夠拖動昆蟲的屍骸，但卻無法移動大象的屍骨一樣，螞蟻和大象的力量太懸殊了。

9．以善念應戰惡念

根據「心念的法則」的觀點，對於惡念，要以正念待之，這是最重要的辦法。因此，在地上界當中生病的人，大部分都是因為接收了漂浮於地上界或者是靈界的惡念，這就是生病的原因。

既然找到了這個病因，那麼為了避免接收到惡念，與其硬碰硬對戰惡念，還不如自己本身釋放出善念來得更重要。因為釋放出善念的話，就不會與惡念的波長相通。於是，惡念就會離去，病情也會好轉。

自古以來，宗教之所以能夠治癒疾病，其原因就在於此。換言之，將惡念反彈回去，於是疾病就治癒了。

總而言之，關於「心的力學」的問題，就是指人擁有心念，而心念既具有創造力，亦具有破壞力，還具有行動力。

此外，關於正邪的問題，對於惡念的最佳應戰方法，就是「發出不同的波長」。因為波長不相通的話，惡念就會反彈到發出惡念之人的身上，而善念也會反彈到發出善念之人的身上。因此，善待他人的話，反過來自己也會被善待，各位必須要切實掌握如此的法則。

第七章　心的實相

心

1．波動起伏的情感深處，才是心的實相

在第七章，我想要談論「心的實相」。在此之前，我講述了如何透過不同的心態，從而改變對於事物、對於人的看法。然而「心的本質」，其實並不是這種相對性的概念。時而產生迷惑、時而出現善惡的心，實際並非是真正意義上的心。對此，各位必須要切實把握住才行。

當然，人是有情感的，在日常生活當中，人的情感會透過各種各樣的形式表現出來。譬如說看到不喜歡的人時，會感到惱怒，然後轉頭相向；或者說出憤怒、嫉妒的話語；或者在背後說此人的壞話，這些都是情感的表現。

然而，這些終究只是人的情感，而並非是心的本質。如果將這種情感視為心的本質，或者說心的實相，那麼人和動物就沒什麼分別了。

狗和貓也是有情感的。如果感覺到自己有危險，狗就會吠叫。如

果想要主人餵食，狗就會眯起眼睛笑嘻嘻地，對著主人不停地搖尾巴。但如果看到陌生人走進大門，狗就會汪汪大叫。從這個意義上來說，狗是非常直率地表露自己的情感的。對於誇讚自己的人，牠會表現得很溫順；但對於懷有惡意的人，牠就會怒目相向。這些都稱為狗的精神作用，但能否也將之稱為心呢？我認為它還沒有到可以稱為心的程度。

如果硬要將其稱為心的話，那它就是相對的心。因此，與其說它是心，倒不如單純說它是情感還比較恰當。

因此，方才列舉的雖是動物的例子，但人其實也是一樣的。在心的表層、波動起伏的心，實際只是人的情感。人的情感，並不能等同於心的實相。波動起伏的心，只是情感的心，或者說迷惑的心、表層的心。

然而，大多數人對此都持有誤解、錯覺，以為表面的心就是自己的心。因此，我認為宗教的任務就是「去除這種誤解和錯覺，覺悟到何謂人本來的心」。

宗教不會僅是單純地教導人們「不可對狗亂叫」等事，當然，控制情感是很重要的，但若將情感的控制誤認為是正法、真理，那就有問題了。換言之，必須要進一步意識到情感深處的存在。那麼，心的深處又是什麼呢？那正是「心的實相」。

2．「知、情、意」是心的表面，並非是心的實相

世間有好人、壞人的說法。何謂好人呢？就消極意義而言，就是不會給他人帶來傷害的人；就積極意義來說，則是帶給他人幸福的人。

與此相對，壞人就是在積極意義上，帶給他人傷害的人；在消極意義上則是因為此人的存在，無法為世間帶來美好的人。帶給他人傷害或

無法貢獻世界的人，這種人就被人們稱為壞人。

這種定義是一般意義上對好人、壞人的區別，不過，這大部分是從情感層面進行判斷的，除了情感以外，意志方面的感覺也很強。

所謂「意志」，即是抱持「目的意識」的心。按照字面上的意思，就是「心之意念的志向」。因此，一旦「目的意識」本身發生錯誤，那麼抱持這種「目的意識」的心也會變成邪心；反之，若「目的意識」正確的話，心便就是善心。

從這個角度來看，就會知道存在著善惡兩個方向的意志，也並非是心的本質，而只不過是心的作用而已。

就好比說馬是筆直往前跑的話，是可以牽引馬車的，然而一旦碰上急轉彎，馬車就勢必會翻車。如同情感不是心的本質一樣，從某種意義上說，意志也很難說成是心的本質。

此外，還有一個常被認做為心的層面，那即是智慧的層面。當然，智慧也是很深奧的。深奧的智慧，則可稱之為「佛智」。所謂「佛智」，就是藉由過去幾次、幾百次的轉生輪迴的過程，從而獲得的智慧；如此智慧就稱為佛智，這確實是很接近於心的本質。

然而，人們通常所說的智慧，還遠遠達不到這個「佛智」的程度。所謂「人的智慧」，大致是指從轉生世間到現在為止的時間當中獲得的知識。可是，從出生到現在為止獲得的知識中，還有很多是錯誤的，這是不可否認的事實。

「錯誤的知識」是什麼呢？那即是指違反真理的知識。學問，本應該是追求、探究真理的內容，但由於學問在形成的過程中，真理和非真理常常混雜在一起，所以說，將這種魚目混珠的知識當成是「智慧」，未免太早了。

從此觀點來看，知識還不能稱之心的實相。雖然順序顛倒，但以上就是所謂的「知、情、意」三種觀點。雖然有人將這種知識、智慧的「知」，或是情感的「情」，意志的「意」當成是人的心，但我認為「知、情、意」都不能稱做為人的心，而只是波動起伏的表面之心，或者說心的作用。

3．「知、情、意」產生混亂而引起不和諧，其原因在於「無明」

從現實問題來看，「知、情、意」這三者，倒是常常迷惑、陷害世人。正是透過「知、情、意」這三者，造成了迷惑的心，或者說五官的「煩惱」，即「無明的心」。

但無明當中不存在心的本質。所謂「無明」，即是沒有光亮的意思。沒有光亮，也就看不到希望，看不清眼前的真相，這就是無明。

造成「知、情、意」產生混亂、人的情感變得起伏、人際關係出現不和諧等等的根本原因，就在於無明，因為看不到光亮。原本在燈光照射下的房間若很明亮的話，什麼都能看得一清二楚，然而沒有燈光的話，就只能憑觸感在房子裡行走。在此期間，一旦發現房間還有其他人，就會懷疑此人是小偷或強盜，因而和對方扭打起來。

因此，由於「知、情、意」造成的內心騷亂，其原因就在於無明。

4．心的實相，如同多寶塔一般有很多層

為了驅除無明，將無明變成「光亮」，即「光明」，該如何做才好呢？那就是往下挖掘「知、情、意」這個表面的心，就能夠尋找到真實

的心。就佛教說法，那就是多寶塔。釋迦的教義當中，就有提到人皆為神佛之子，所有的人都宿有佛性。這個佛性就是多寶塔，即多寶如來。多寶如來的本質，埋藏在所有人身上，這是很重要的思想。

因此，所謂「多寶塔」，正如其字義所示，即藏有許多寶物的塔。寶物的意思比較淺顯易懂，但所謂的塔，指的又是什麼呢？那即是由很多層構成之意；這是事實，因為「佛性」的確是存在很多層。因此，在探究「心的實相」時，亦必須要瞭解「如同多寶塔是由很多層構成的塔一樣，心的實相也存在很多層」。

5．發現己心當中的多寶塔，並探究它有幾層、能使用到幾層

在此，我們不妨將「心的實相」假定為五重塔的外形，那麼，首先就必須要知道「它到底是透過什麼構建起來的」。而這個問題，就涉及到心的實相之中所存在的階段。

在靈界當中，存在靈性覺悟的階段，並且各個階段的區分非常明顯。有人認為在這種有區域之分的世界當中，生活著形形色色的人，但實際上，那般世界就是自己本身的心之世界。在自己的心中，就有著如此多寶塔。然而在這種或五層或七層的多寶塔中，自己能夠爬到哪一層呢？

如果說越高越好的話，那就假設它是一座七層塔，那麼在人的心中，有這麼一座的七層塔。不過，一般情況下，人們不會意識到它是七層寶塔，還以為在自己心中的只是一棟平房或是兩層樓的建築，亦或是

裝有電梯的四層樓等等。

然而，認為己心是一棟平房的人，就不會使用一樓以外的空間。最終，這種人在離開世間，前往靈界的時候，就會住進靈界當中最底層的地方。換言之，他沒有找到能夠爬上更高層世界的自己。

此外，認為己心是兩層樓建築的人，最多會前去第二層的世界；認為己心是五層建築的人，最多就會前去第五層世界；認為己心是七層樓的人，最多能夠前往七層樓的世界。

因此，一個人能否回到極樂淨土，既不是應該祈求之事，亦無需祈求想要回到靈界中的好地方，而是必須要找到自己心中的多寶塔，並縝密探究它是幾層的建築，自己能夠用到幾層。

此外，在心的實相，即多寶塔的頂層部分、屋頂部分，就存在著神，即神的意識。人就是穿過這個屋頂，從而與神連接上的。

因此，人的肉體部分，就好比是這個多寶塔的地基石一樣，一味盯著地基看是看不到塔的樣態的。

緊接著出現的問題，就是「到底要怎麼做才能發現到這個多重塔，進而自由地使用它呢」？

6·達到心的實相的方法之一：將心朝向自己的內在

由於多寶塔潛藏在己心當中，所以首先必須抱持內觀自己的態度。換言之，當心朝向外面的時候，人看不到己心的實相。

要想找到心的實相，就必須首先讓心朝向自己的內在。那麼，要如何朝向自己的內在呢？

那就要透過「精進」，或者說「觀法」的修法了。在各種宗教當中都有著觀法的修法，譬如說坐禪、進行「神想觀」，或進行反省瞑想等等。我認為這些也是將心朝向內觀自己的方法，而且，這絕不是只有宗教才有的觀念，希臘的哲學當中亦有如此說法。

在希臘哲學當中，將內觀己心的方法稱之為「觀照的生活」，這種觀照生活，和瞑想生活等實際上是同樣的修法。希臘哲學當中的「觀照的生活」，是將發現內在做為中心思想。追求發現內在的喜悅，即為「觀照的生活」。這種修法的本質，就如同於僧侶、尼姑等勤勉於佛道修行一樣，亦好比是西洋修道院裡面的修道士，他們也同樣勤勉於瞑想生活、觀照生活等。

總之，要想瞭解心的實相，關鍵就在於必須首先把目光轉往內在。外在的方向，存在著物質、他人，以及世間的名譽、地位、金錢等等。然而，不管如何凝視這些東西，都無法看到心中的真正實相。

在宗教當中，通常傾向於否定金錢、財物、物質等等，然而，並不是因為這些東西是邪惡的，所以才否定它們；也不是因為這些東西會迷惑世人，所以才否定它們。而是因為一旦執著於它們，心就會朝向外面，所以宗教才否定它們。要想發現心中的多寶塔，就必須將心朝向自己的內在。為了要將心朝向自己的內在，金錢、異性、豐富的物質、地位、名譽等等，這些東西都將成為妨礙。因此，佛教主張要捨棄執著。

不過，並不是說執著的對象本身是邪惡的。譬如米飯不是邪惡的，麵包也不是邪惡的，金錢不是邪惡的，儲蓄存款不是邪惡的，異性的存在也並非是邪惡的。這些東西本身，其實既非善也並非惡，只不過，從它們讓人心朝向外面的角度來看，它們有著惡的一面。因此，為了讓心朝向自己的內在，就必須將這些東西捨棄。這就是佛教的基礎，即「斬斷執著」。如此將心朝向自己的內在、內觀己心的方法，即為發現心中多重塔的第一個方法。

7．達到心的實相的方法之二：一語道破「人的本質是光明」

第二個方法就是相信自己的本質，相信人的本質是美好的。如果不相信人的本質是美好的，而將人定義為罪惡之子的話，那就表示人無法得救了。正因為人的本質是美好的，為了讓它能夠閃耀光輝，所以才存在修行。

然而，如果將人的本質視做罪惡的話，那就沒有任何修行的目的了。修行之所以存在的理由，就在於「經過磨礪，靈魂就會發出光芒」的立足點。

換言之，無明的反面是光亮，即光明。無明的反面，實際就是光明。在所謂「知、情、意」的無明之心的深處，有著一個不被迷惑的存在，那其實就是光明，光明即是心的實相。

總之，首先是追求內在的己心，其次是一語道破、看穿「心的本質是充滿光亮、充滿光明的」，以上即是第二個方法。

8．達到心的實相的方法之三：知道光明中亦存在不同階段的光亮，並向偉人學習

第三個方法是，因為心的實相就像是多寶塔，所以這其中亦有階段之分。所以說，一味將心的實相視做為光亮、光明，還是不夠的。除此之外，承認光亮的強度存在差異也是很重要的。越往多寶塔的高層走，光亮就越強；反之，越往底層走，光亮就越弱。這也是心的實相，對此必須瞭解。這個光亮的強度存在差異，這是不爭的事實。

那麼，到底是依據什麼，而產生了差異？透過什麼依據，出現了不同呢？這就是問題所在。若換個提問方式，即「往哪個方向走，自己才能接近佛神呢」？換言之，要如何觀看為了接近佛神的路標？而路標又放在了哪裡呢？

其中做為一種參考，就是偉人的一生。偉人通常是能夠深入至心的

實相，並將己心的實相取出來、向世人展現的人。因此，將偉人的一生當做成一種參考，也不失為一個好辦法。

至於要選擇哪位偉人做參考呢？譬如說，希臘的哲學家蘇格拉底。他是一個非常重視智慧的人，縱觀他的一生，可以學到的是公平無私，以及謙虛的心，即無私，沒有私心。他是一個沒有私心，謙虛探究真理的人。

此外，在同一時代，中國有一位孔子。若用一個詞來概括孔子的心之特徵，那即是「道」，或者說「道的完成」、「人格的完成」。孔子是窮盡一生追求、探究「靈魂的高貴性」的人。

在眾多有名的偉人當中，還有一位是以色列的耶穌基督。他曾講述過，人的本質即是「愛」。所謂愛，即是「就像愛自己一樣，也愛你的鄰人」。此外，比任何東西都來得重要的愛，就是「愛你的神」。

亦可將印度的佛陀當做參考對象，他強調的是「慈悲」。所謂慈悲，即是施予之心。好比說像太陽一樣的光芒，無條件地為萬物提供熱和能源。這種無條件地施予之心、無償的愛、施愛等，即是釋尊所講述的慈悲。如此看來，如果將偉人們的一生當成範本的話，就能非常清晰地瞭解實相中的內容，以及應該遵循的路標了。

9.心的實相，即是無私、謙虛、求道，並充滿愛和慈悲的心

總之，關於人的心，就要看他能夠達到何種程度的無我境界，並且是否能一邊謙虛地求道，一邊向他人施予愛和慈悲。一邊無私、謙虛地求道，同時亦向他人施予愛和慈悲的存在，即是做為人的終極存在。

因此，必須將這些特徵做為德目，逐個進行培養。如果做到了無私，其次就學習謙虛，隨之學習求道，再則學習愛，最後學習慈悲。這

種循序漸進的工作，就如同一步一步走向多寶塔的更高層一樣。

此外，存在於偉人一生背後的，即是神的心，亦即是寶塔的頂端部分。那是孕育大宇宙的力量，也正是慈悲和愛的能源；以上即是達到心的實相的方法。總之，首先是內觀自己，第二是一語道破「人的本質是光明」，第三是知道光明也存在不同階段的光亮。

要到達光明的境界，就應該向歷史上的偉人學習。而偉人的一生，就是無私、謙虛地求道，並充滿愛與慈悲的生涯。這就是人應該追求的道路，即心的本質、心的實相。因此，如果知道自己本身心中有著這樣的實相，就必須要每日精進不已。

第八章 心的階段

心

1．心的各個階段

在第八章，我想繼續就「心的階段」這一主題進行解說。

自古以來，在佛教當中就非常詳細地講述了「人的心存在著不同的階段」。就佛陀的教義而言，亦明顯地存在如來、菩薩、阿羅漢，或是緣覺、聲聞等無數的階段。

實際上，在離開這個世間之後的靈界，即四次元以上的世界當中，也存在各種不同的階段。如今我們將它們大致地區分為四次元、五次元、六次元、七次元、八次元、九次元、以及十次元以上的世界。然而在各個次元當中，其實還存在細微的階段之分。

雖然是住在地上界、三次元世界，但人們還是難以理解這個三次元世界當中，亦存在不同的階段。

抬頭看即能看見天空，然而天空和地面之間並非存在著好幾層的高級公寓，所以世人無法理解世間也存在各種不同的階段。不過，四次元以上的世界，可不是這般的物質世界。靈界並非是物質的世界，而是波動、波長的世界，或者說能量的世界，所以能夠創造出無數個不同能量的階段。然而，不像世間之人所居住的樓房一樣，按照一層、二層、三層的樓板來區分不同的樓層，靈界是透過能量、波長來區分不同的階段。

但若從世人的角度來看的話，就是四次元世界當中分成了好幾層，五次元世界當中也分有好幾層，由此，我們也經常使用「上中下」三個階段的說法。但實際上，靈界絕非是被如此分隔的，而是心的波長存在之差異。對於這種境界的區別，世人總是無法理解，因此我想用易懂的方式進行解說。

2・水的「三態」，即固體、液體和氣體

譬如說探討「水」的一生，水在零度以下時會結成冰，即堅硬的固體；如果將固體的冰塊加熱的話，它就會慢慢地融化。

此時，將攝氏零度的時點稱為「融點」；所謂「融點」，就是指融化的時點。當溫度達到融點，即零度時，冰就會開始融化。此外，若將冰塊放進燒杯裡加熱，直到冰塊完全融化之前，溫度計是不會超過零度的。

然而，一旦冰塊完全融化成了液態的水，液體的溫度就會開始逐漸上升，從一度變成二度、三度、十度、二十度等等，而水的溫度最高可以達到一百度。水的溫度上升到攝氏一百度之時，就達到了「沸點」，即沸騰的時點。從沸點往後，這種液體的水就會變成氣體，即逐漸變成水蒸氣。

如此這般，這逐漸變成固體、液體和氣體等不同形態，稱之為「水的三態」。所謂「態」，即是狀態，統稱為水的三種狀態。以上是以水

為例來思考，但是除了「水」以外，其他物體也會出現同樣的現象。

譬如像鐵一樣的固態物體，它是非常堅硬的。因此，或許各位會認為「鐵」通常是固體，可是，鐵其實和冰是一樣的原理。

稱為鐵的礦物，經過冷卻、凝固以後，可以塑造成不同形狀，或者是煉成鋼、鑄成車體等等。所以說，鐵也是經過不斷地加熱，達到攝氏一千五百三十度時，就會開始融化，並且逐漸融化成赤紅色的液體。

各位也應該能從電視節目或圖片當中看到，在鑄造物體或刀劍的過程，鐵會變成赤紅色，然後逐漸融化，直至變成液體。此外，這種鐵的液體，再繼續加熱的話，就會變成氣體。所以說，即便是鐵，也會變成氣體。

如上所述，固體、液體、氣體的「三態」，也同樣適用於除了水以外的其他物體。

3．冰的融點與死後的世界

在此，回顧一下做為典型實例的「水」。固體的冰經過加熱以後，達到某個時點就會開始融化，這就是所謂的「融點」。在冰完全融化之前，水的溫度不會上升。然而等到冰完全融化，變成液體以後，水的溫度就會急速上升。換言之，溫度計會有一段不超過零度的時間，即持續為零度的時間。等到冰完全融化以後，溫度才會逐漸上升。

由此看來，這就好比是抱持肉體的人回到靈界時一樣。肉體的物質，就相當於就是固體的冰，但是等到壽命到了，肉體就會消失。死後被送往火葬場焚化，被焚化之時就相當於達到了融點，於是肉體就會變成灰燼。因此，問題就在於「人變成灰燼以後，是否就等於生命結束了？」然而，雖然這個具有實感的物質肉體，經過焚化後變成灰燼，最終會消失在空中，但是支配這個肉體的活動能量本身，卻並不會消失；這就是靈魂的境遇。

或者說，靈魂變成了四次元世界的幽體。在世間常說有幽靈出現，而所謂的「幽靈」，其實就是剛剛離開肉體的生命體，或者說依然保留著肉體形狀的靈魂，這稱之為「幽體」。

用水的實例來說，這就好比是冰融化成液體的階段，隨著加熱後，水溫逐漸上升。方才所講述的靈性階層，就如同於有著從零度到五度、五度到十度、十度到十五度、十五度到二十度等等的刻度一樣。譬如說，人的體溫是三十六至三十七度，試管或燒杯中的水雖然能進行加熱，但直到它上升到二十度左右時，還是會感覺涼颼颼的。這種將手放進去還感覺涼颼颼的狀態，可稱之為幽界。換言之，可以認為「四次元幽界，即是感覺到涼颼颼的世界」。

然而，當水溫超過二十度、達到三十度左右時，就會出現接近體溫的暖和感。大致從二十五度到三十五度之間，是最接近於人體溫度的感覺。這是大部分的人感到親切的世界，也就是靈界當中的五次元善人界。

隨著水溫繼續上升，從三十七、八度上升到四、五十度左右時，就會變成熱水的感覺。這是人在泡澡或淋浴時，感覺很舒服的溫度，即四十度多一點的溫度，那是相當溫暖的感覺。這種在淋浴或泡澡時，能夠溫暖身體、讓人感覺很舒服的溫度，就好比是六次元光明界的階段。

總之，正如同於隨著熱能量的增加，水的溫度會逐漸上升一樣，隨著本人的光能量、光子體能量的增加，人的靈性階層也將逐漸得到提升。換言之，如果進行加熱的話，就能夠從四次元上升到五次元，或是從五次元上升到六次元。

如同上述，適合泡澡或淋浴時的溫度，即為六次元光明界，即可以感覺到溫暖的程度。與地上界相比較而言，感覺上更為優越、氣派、光輝的階段，即為六次元的階段。

在此之上，還有著七次元菩薩界，那是自古傳言的「愛的世界」，也是幫助他人的世界。就西方文化而言，那就是光的天使、天使們的世界。到達這個世界以後，從普通人來看，就會變成超越常人界限的形態。如此一來，就變成了泡澡時感覺有點過熱的溫度，即超過五十度，處於六十至七十度之間的溫度。

這個階段，就好比是飲用熱水或熱茶時，約六十至七十度的溫度。六十度左右，可謂是最適合飲用的溫度。這溫度對泡澡來說，會覺得太燙，但做為飲用的熱水而言，則會讓人感覺非常幸福。此時會讓人感覺難得，並湧現感謝的心情。如此出現感恩之心的溫度，大致為五十至七十度之間。

4・水的沸點和如來界的能量

一旦進入八次元如來界，溫度就會繼續上升。這個世界的溫度，大致為七十至九十度；這已經是相當熱的水了。在熱水中逐漸出現一顆顆水泡，並冒出一部分水蒸氣。此時，水已經開始變成氣體了。在七十至九十度之間時，水就會出現一部分的沸騰現象，燒瓶或燒杯的底部，會漸漸出現水泡，這顯然已經是熱水的感覺，若是把手放進去，就會被燙傷。

這也正好跟靈魂的境遇一樣。如果普通人被誤帶到八次元如來界的話，就會被刺眼的強烈光芒或能量所壓倒。那是非常非常刺眼的光芒，就像是抬頭看正午太陽一般的感覺，此時人很容易被灼傷。

然而，即便是會燙傷人的熱水，也有其用途。譬如，熱水可以用來消毒物品，或者是在用來沖泡綠茶、紅茶、咖啡等等，它的溫度剛好適合於這些用途。或者說，這種溫度正好適用於沖泡出綠茶的顏色。總之，這種溫度是為了更高程度的用途而存在的。

如果燒杯繼續加熱的話，溫度就會超過九十度。一旦超過九十度，接近於一百度時，就會冒出水泡，水的表面將出現大量氣體。

因此，從九十度上升到九十八、九度、一百度左右時，水就已經不再是液體，而是全部變成氣體了。從液體變為氣體的這個瞬間，就意味著人不再是人，不再是抱持著人格的靈存在了。

換言之，九次元世界的居民，即是抱持著人格的靈存在的最後身影。就水而言，即是處於九十至一百度的樣態。一旦超過一百度，水就會變成氣體，就不再是水了。既無法用眼睛看到，亦無法用手抓到，只是知道它變成了氣體、蒸氣。不過，就算是變成了蒸氣，它還是擁有強大的力量。譬如說，蒸氣可以用來轉動渦輪機，也可以用來發動蒸氣火車頭。

如上所述，蒸氣擁有各種各樣的力量，而且是很強大的力量。此外，水變成水蒸氣以後，它的體積就會膨脹到幾百倍、幾千倍，水蒸氣就是這麼偉大的東西。普通人的靈魂，是正好能夠進入體內的，其大小程度與肉體一樣。但經過高溫加熱、吸收熱能量以後的靈魂，就如同於水變成氣體一樣，將變成數百倍、數千倍的體積，靈魂就是能變成如此強大的能量。

因此，也可以說它亦能變成掌管地球的能量，或是佈滿宇宙空間的能量。

即便還有人無法原原本本地承認靈界，但就我們身邊常見的水有三態，即三種樣態來看，如此變化是存在的。

水能夠透過能量的量化，改變其形狀和樣態。人們可以注意到這種循環：從冰變成冷水，從冷水變成溫水，從溫水變成熱水，再從熱水變成水蒸氣。

這只是從實驗的形式觀察冰的變化，但大自然中的流水也同樣是如此。水通常是匯成河川，形成海洋滋潤著地球，但如果增添上太陽的熱能、光能，水就會蒸發變成水蒸氣。

此外，水蒸氣會在空中凝結成雲朵。而雲朵又將落下雨，或降下雪，於是又變成了河川，如此循環不斷。

正如同方才所講的冰會逐漸變成冷水、溫水、熱水、水蒸氣一樣，人的生命能量也同樣會經歷各個階段，不斷循環。經過加熱後，冷卻下來會化成水，或者被融化成液體，也可以再變成冰。如此這般，經歷永恆的循環。

從這個實例也能看出，透過熱能的變化，可以改變靈魂的姿態。而其理由正是存在於，靈界是以能量為區分的世界，越往上層世界走，就會擁有越強大的能量。

5・人的煩惱與心的管理

到目前為止，我從科學的角度講述了心的階段，但本節我將從思想的層面做進一步探討。

首先，活著的人在一天之中，會持有各式各樣的意念。不管是任何人，只要擁有血肉之軀，就不可能一整天只想著偉大的事，當然也不會只有邪惡的念頭。從早上起床到夜裡就寢，就算是在睡夢中，人總會想著各種各樣的事情，其中既有善念，也有惡念。總之，不可能完全像在天國中吃草的羊兒一樣生活，人生中必定會發生各種各樣的事情，遇見形形色色的人，擁有各種的工作，並面臨各種的瑣碎雜事。

人在這個過程當中，心的指針就會發生擺動。以女性來說，本來已經在進行瞑想了，但一旦接到帥哥打來的電話，心的指針就會因此動搖。男性也是如此，本來正要下定決心，今天去公司認真地遂行關乎自己未來前途的工作，然而一旦坐上電車，座位前面坐著一位漂亮的女生，心思就立刻飛到天空了，這種事情也是時常發生的。有時即便是正在遂行工作，並知道這是對社會有益的工作，但還是會被空虛感侵襲，無論如何也無法擺脫空虛，並認為這不是自己本來該做的工作，因此心中感到悶悶不樂。

總之，人的心中，總是會有煩惱。在世間生活的幾億人口當中，試問有人是沒有煩惱的嗎？如果逐一詢問的話，想必沒有一個人會回答自己沒有煩惱。假如存在沒有煩惱的人，那肯定是不會思考的人。世間也存在這種人吧！對於什麼都不想的人，或許是沒有煩惱可言。但對於會思考的人來說，根本不可能存在沒有煩惱的世界。

人只要稍微有意識，總會在想事情，然而所想之事，大致都變成了煩惱。這種煩惱有時是有感於自己的過去，後悔自己怎麼做了這樣或那樣的事情；有時是對於現在該如何做、如何進行選擇感到煩惱；還有時是煩惱未來到底會發生好事？還是壞事？萬一發生壞事怎麼辦？或即便是好事要來臨了，還在煩惱它是否真的會實現，這些也都將變成煩惱。而且現在是煩惱未來的事，但等它變成現實時，又要做為現實問題為此煩惱。

即便是從現實中逝去已成為往事，還在追悔「要是當時那麼做就好了」。不管到了什麼時候，如此煩惱還是在心中揮之不去，這就是因為沒有學過心的管理方法所致。若不是他人指出「你是為了那樣的事情煩惱吧」，當事人根本就意識不到。雖然人常常在煩惱，但他人不提醒的話，自己根本意識不到。

家庭主婦也是如此，如果孩子生病的話，那無論在買東西、煮飯、打毛衣，或是洗衣服時，她一整天都只惦記著孩子的事情。可是別人不提醒的話，她自己是意識不到的。

人雖然可以自由地在心中描繪景象，但心中卻總是被某些東西佔據了。除非是他人提醒「這些東西一整天佔據了你的心」，否則自己根本意識不到，這是不爭的事實。

6・心的階段是透過一整天佔據人心的心念來決定的

因此，心的階段是透過一整天佔據人心的心念來決定的。譬如說，住在上層的光明指導靈的世界，或者說充滿了愛與慈悲的如來和菩薩的世界當中的人們，一整天所思考的中心就是「如何才能使世間的人們獲得幸福」。

這樣的人，與那些一整天只會憎恨他人、羨慕他人，或不甘心，完全被憤怒的波動充斥了己心的人相對比，其階層的差異是非常明瞭的。

只不過，持有著肉體的世人是無法看穿人心的，所以大家相互看不透罷了。

每個人的心都是自由的，但正因為自由，所以也很可怕。

同樣的道理，雖然每個人都擁有住進人體的心，但人們共同生活相互看不透。早上起床吃早餐、然後午餐、再來是晚餐，而後睡覺，大家都生活在這種循環。因此大家會感覺所有人都是同樣的人，然而心的階段是存在差別的。此外，人是否會前往地獄，其實在此人死亡之前，就已經有答案了。

只要思考「是什麼問題一整天佔據了自己的心」，就會知道答案。如果這個問題是一味想要為自己謀利，而致使他人不利的話，那此人雖然還活著，但心卻早已去了地獄。

換言之，此人已經住在地獄了。譬如說滿腹悔恨之心念度日的人、充滿嫉妒之心念度日的人，或者是被怒火燃燒著度日的人，這些人都是生活在人間地獄。如果活著的時候沒有解決、清算掉這些事情，那麼死後前往的地方也會是地獄。

嫉妒之人，就會前往滿腹嫉妒的人們所在的地方。

憤怒之人，就會前往滿懷怒氣的人們所在的地方，互相遷怒。

抱怨之人，就會前往一味抱怨的人們所在的地方，互相抱怨，這已經是很明確的事了。

然而，也有人在心中是追求美好的事物。

藝術家死後就會前往藝術家的世界。一心追求美、在心中思考美好事物的人，死後到了靈界，也會前往相同之人所聚集的世界。

此外，還有心靈美好的音樂家。即便是走在路上、做著工作，或是看著書的時候，他們心中也總會浮現旋律。他們總在尋找新的旋律。這種人死後到了靈界，也會前往充滿如此旋律的音樂家的世界。

活著的時候只想著如何才能救助他人，這種人死後到了靈界，也會前往相同之人所聚集的世界，我想那就是如來和菩薩的世界！

總之，一切取決於人的內心。只是，不知道如何觀看內心之時，就無法做出正確的判斷。

7．誤以為自己在拯救人類的宗教家

世間的宗教家即是如此。宗教家都以為自己是如來、菩薩，想要拯救世間、拯救世人，但實際上卻有很多人死後去了地獄。

這就是因為他們無法對自己本身做出客觀的評價，他們主觀的以為自己是在遂行好事，但從第三者的角度來看，卻是在做很糟糕的事情。

譬如說，有宗教家教導人們說「將這個護身符帶在身上，你就會得救」。於是很多人都前來領受，捐了香油錢，頻頻道謝，稱自己得到了救助，並滿心喜悅地回家了。這宗教家認為自己是給世人帶來喜悅的存在，所以這是在做好事，但死後回到靈界時，卻竟然墮入了地獄。對此，他感到很不解：「為何自己會下地獄？自己明明是給許多人帶來了快樂，怎麼還會下地獄呢？」

再譬如說，有宗教家教導人們：「只要祈禱就行了！」只要進行祈禱，人就能夠得到拯救。他認為這麼好的祈禱肯定錯不了，所以生前就一直這樣指導世人。

然而進行祈禱時，人們抱持著何種的心呢？總之就一個念頭，想要得到拯救。雖然自己有著一大堆錯誤之處，但卻把這些隱藏了起來。也就是即便需將腐臭之物蓋起來，也想要得到拯救。如果說「只要向某宗教的某神祈禱，人們就能夠得到拯救」，這與方才所講的護身符之類的說法沒什麼差別。在本質上，這兩者是完全一樣的。「只要念一次南無阿彌陀佛，人就會得救」的說法，也是同樣的道理。

人要想得到拯救，就必須淨化心靈，為了淨化心靈，就必須進行反省。若非如此，就算是常常將天照大神的護身符掛在胸前，或天天帶著護身符走路，也不可能因此前往天國。僅憑華美的詞藻，人是不會得到拯救的。

8・心的波長與行動的關係

總之，必須要調整好己心的波長。為了將己心的波長調整好，就必須讓每日的所思、所為之事變得清澈、正確，除此之外別無他法。換言之，想法要得到淨化，變得清澈。為了確認這一點，就必須在行動上表現出來。人不是裝了發條的自動人偶，所以不會自己隨便行動。

在行動的背後，是人的心、想法在操控。因此，如果無法直接確認一個人的想法，那麼透過觀察此人的行動，就可以瞭解此人的想法。

此外，行動還存在客觀性。譬如說，就算你自以為是如來或菩薩，但如果看看自己的言行，一開口就說別人壞話、一動筆就發表批判他人的文章，這樣到底是不是如來或菩薩的心，只要觀看其行動，就會一目瞭然了。對於自己的想法，人總是寬容以對，往往覺得自己的想法是正確的、是好的，這種人就必須要重新檢視自己的行動。

在人的行動當中，確實存在著不好的行動。對照自古以來的道德律例，就能判斷出什麼是不好的行動。

對照道德律例，可以得知褒獎他人是好事，而輕蔑、貶低，或譭謗他人等則是壞事，這是全世界共通的準則。

此外，毆打、踹踢、傷害他人等都是壞事，殺人也是壞事；反之，幫助有困難的人則是好事。這些都是明確的準則，毋庸置疑的事。所以說，人必須要首先對照這種道德律例，認真地檢視自己的行動。

如果發現自己的行動很惡劣，那就要探究「己心是否存在問題」。

譬如從行為來看，若是自己總會一味地說他人的壞話，那麼自己為什麼會說出壞話呢？如果追究這個原因的話，那或許是因為對他人懷有嫉妒心，或是自己本身存有自卑感，亦或是認為自己比他人更優秀的自負感等等。這個時候，就必須要對此先進行反省。

此外，耳朵也是如此。有人只能夠聽到他人說自己的壞話。還有人聽到他人稱讚自己時，從不放在心上，然而一旦被說了壞話，就感覺出了大事，這種人的心肯定是出了問題。當獲得稱讚時，立刻說：「不，沒這回事！」或者心想：「這也許是客套話，或許是諂媚的話語！」因而不相信。然而，當被說了壞話時，卻打從心底相信它。一旦被說了壞話，就認真起來，氣得不得了。這種人也是存在的，他們對於外在評價的平衡感很差。總之，這種人的心裡肯定出現了問題。

如上所述，各位還必須將外在表現的行動做為一個基準，藉此再度淨化，並探究己心。

以上我講述了「心的階段是透過一整天佔據人心的心念來決定的」。此外，為了調整好這種心念，就必須要觀看自己的行為，首先要端正自己的行為。如果做了壞事，那就要進行反省；如此一來，就能夠逐漸淨化己心。

為了淨化己心，就必須有相應的基準。在某種意義上說，這個基準就是釋迦的八正道，知道「實在界之心的階段是如何形成的」，這即是思想的基準。

9・從四次元到九次元的世界

從離開地上界存在四次元世界的角度來看，在四次元世界下層，還有著稱為地獄界的黑暗、停滯的想念界。

如同上一節所講述的，這裡住著那些生前說他人壞話、抱怨、嫉妒、譭謗、憤怒、不知足的欲望、縱情所欲度過人生的人們，以及按照本能如動物一般生活的人們。這裡是充滿了殺戮、嫉妒、憤怒、傷害、鬥爭和破壞的世界，這就是地獄世界。

此外，在四次元世界的上層階段，雖然人心還沒有得到充分淨化，但基本上能開始自覺到自己來到了靈界，並已經脫離肉體、變成了靈體的世界。換言之，這裡是稍微覺醒於靈性事物的階段。

進入五次元善人界，這裡的所有人都知道「善」，瞭解何謂善、何謂惡，並知道如何區分善惡；這就是五次元的世界。心被良善事物吸引的人，就將前往五次元世界。因此，如果不知道善惡的「善」，就無法進入五次元世界。

到了六次元世界，除了知道「善」以外，大多數人還對真理有所瞭解。譬如說神所創造的世界，是充滿著真、善、美的世界。人是靈性的存在，此外，還有光明天使的存在。知曉這些事情的，就是六次元的世界。

到了七次元世界，這裡的人們在充分掌握了真理知識的基礎上，還決心要愛眾人、拯救眾人。在這裡，住著那些致力於具體實踐活動的諸菩薩們。

到了八次元如來界以後，又將是何種狀況呢？當然，這裡的人們跟諸菩薩們擁有同樣的心念。不過，他們比諸菩薩們抱持著更強烈的講述法的心願。比起愛自己的同胞，他們則是站在更高一級的階段指導著人們，並且，發出慈悲之心，這就是八次元世界當中的活動。

八次元世界的象徵是法與慈悲，七次元世界的象徵是愛，這就是區分這兩個世界的基準。

九次元世界，即是救世主的世界。這裡就是創造新文明、創造人類的指標，讓全世界充滿光明的人們所在的世界。因此，地上界的人很少能來到這裡。

常有民間的宗教家們，一心想要變成救世主，結果卻反而墮入了地獄。因為這裡是有著被賦予的任務，特殊的人們所在的世界，普通人是模仿不來的。不過，人們至少可以在自己的周遭創造烏托邦。從這個意義來看，任何人都可以變成小小的救世主。

要拯救世間，實際上要從自己的周遭開始拯救，這才是正道。拯救自己的心，讓周遭都充滿光明，讓周遭變成烏托邦，這才是正確的順序。就這個意義而言，可以說任何人都是救世主、如來、菩薩。

靈界中存在如此明確的基準，所以要常常回顧自己在一天當中的想法，到底是以何種的心念為中心？是以盡可能拯救更多人的心念為中心？還是只想著自己的加薪問題呢？或者是只要自己能獲得他人讚賞就行了，是否抱持著一大堆這樣的想法？對於這些事情，必須要進行檢視才行。

以上就是本章的主題「心的階段」。

第九章 心的極致

心

1・探究心的極致之「正確性」

本書「心的探究」，終於要進入最後一章了。

第一章是「何謂正心」。
第二章是「心與煩惱」。
第三章是「心的諸相」。
第四章是「心的淨化」。
第五章是「心的結構」。
第六章是「心的力學」。
第七章是「心的實相」。
第八章是「心的階段」。

在以上八個章節中，我從各種不同的角度探究了「心」的問題。做為最終的階段，本章我想要講述「心的極致」。

至此，從各個角度探究過「心」以後，可以瞭解以下兩點。其一是，人的心是由好幾層結構組成的，是多重結構體。

其二是，人的心，實際存在高低、上下之分，我想可以如此看待人的心。

在我們「幸福科學」的人類幸福化運動當中，也舉出了「探究正心」做為一個標語。因此，對於「探究正心」，以及緊隨其後的內容，我想要做進一步論述。而這個問題，實際就是本章的主題，即何謂「心的極致」。

在如此的佛法真理教義當中，也存在許許多多的入口。但是做為「幸福科學」的基本方針，第一出發點，我舉出了「探究正心」這一條。因此，我也常常被問道「何謂正心」，譬如有人問道「到底何謂正確？何謂不正確？何謂正？何謂邪？請您教導我們……」等等。

然而實際問題是，我所講述的「正確性」，並非是指二分法的正確性。因為我講述的正確性，不是要區分「這是正」、「那是邪」。

我所講述的正確性即是，人做為神子的本質，或者說實相，那是做為神子的本來姿態，是神子的本性，即「正確性的極致」之中的內容。

總之，我要探究的不是「A錯B對」這般的正確性，而是原本之人的最深處的存在、心底最深處的存在。

因此，所謂「心的正確性」，不是指判斷「是A或B」、「是黑或白」的正確性，而是如同於磨墨時的硯墨一樣，墨磨得越久，墨汁就逐漸變得濃稠起來。正好適用於寫字的狀態，就是本來的做法。

不管怎麼研磨，都不會有充足的時候。因此，「探究正心」就好比是正確地磨墨。「探究正心」與為了寫字而磨墨，是同樣的工作。

磨墨之時，首先要加水，之後使勁地研磨，於是就會慢慢磨出墨汁一般的顏色。此外，還存在著最適合於書寫的顏色。

對於寫字之人而言，適合的顏色就是正確性。墨汁濃得過頭也不行，然而太稀的話，又會滲水，這就是問題所在。最適合於書寫的墨汁濃度，即為正確性，這就是此人特有的正確性。

2・關於「正確性」的變幻自在和多樣性

上一節當中，我說過「正確性」並非是二分法的性質。這是事實，因為沒有一個人是處於跟他人完全一樣的環境。

因此，所謂「探究正心」，就是探究「神子被放置在某個地方時，會如何做？」、「被投身在某個環境當中，會怎麼辦？」因此，答案肯定不只一個。各位本身的人生，是誰也無法取代的，每個人都是這樣的人生。由此可見，所謂的「正確性」，其實是每一個人特有的正確性。

然而，這也並非是「這個也對」、「那個也對」、「那邊也是對的」等這種八面玲瓏的正確性。

這是一個難點。以前我在靈言集當中，曾引用過一個「蜂巢的比喻」：所謂「真理」，就好比是蜂巢。蜂巢的最頂端通常是一個點，頂點下面會像扇形一樣展開，或者說擴散，並存在許許多多的入口。蜜蜂就是透過這眾多入口進進出出的，而且，蜜蜂就好像住在各自的單獨公寓之中。

然而，蜂巢的深處都是通向一個地方，那便是女王蜂的住所。許多工蜂都可以進去裡面，那裡就住著女王蜂。

這也是對於「正確性」的一種思考方式，雖然每隻蜜蜂是進入各自的洞穴裡遂行工作，但終極上是同樣的東西。

這看起來似乎存在多樣性，好像很分散，然而最深處卻只有一樣東西。

每個人都在自己所處的位置，即自己蜂巢當中的一個洞穴，通過此處遂行著工作。

由此可見，對於正確性的捕捉方法是多種多樣的，而且，其深處存在唯一的東西。那唯一的東西是立體的，不是平面的非黑即白的一般東西。

3·神子的本質：盲人摸象的比喻

正如上一節所說，「正確性」就是要探究神子的本質。那麼，神子的本質到底是什麼呢？關於這點，也有許多人陸續提出進一步的疑問。因此，我必須要探討「神子的本質是什麼」。然而對於神子的本質，其內容也實在是一言難盡。我想可以用一句成語來做比喻，那即是「盲人摸象」，簡而言之，就是幾位盲人對大象品頭論足的故事。

因為評論者是一群盲人，眼睛看不見，所以摸到大象鼻子的人便說「大象其實是細長的」或「大象像水管一樣」。摸到大象腹部的人，則說道：「大象就好像汽油桶一樣！」此外，摸到大象腳的人，指出：「大象就是柱子嘛！」而摸到大象尾巴的人，說道：「大象不就是鞭子嗎？大象就如鞭子一樣，可以咻咻地揮出去，不是嗎？」最後，騎上大象背部的人，則爭辯道：「不！大象就是一種交通工具。」

如上所述，對於眼睛看不見的人而言，是無法確切表達大象的。

不止是盲人如此，我們住在三次元世界的人也全部是這樣。雖然能看到所有東西，但是進入眼簾的影像，實際是非常二次元性的東西，是平面的影像。雖然有遠近的感覺，但無法做為立體進入眼簾。

為什麼不是立體，而是平面圖呢？因為我們眼中看到的此人的姿態，和透過照相機拍攝的影像是一樣的。換言之，看照片和看實物是相同的影像。也就是說，人的眼睛，只能捕捉到二次元的、平面的映射。

然而，假如眼睛的結構發生變化，結果會怎樣呢？

好比說就像是深海魚一樣，人的眼睛是高聳突出的，如同觸角一般可以四處移動，那結果會怎麼樣呢？

如此一來，想要獲取眼前一公尺以外之人的影像，即決定看那個人時，如同觸角一般的眼睛就會移動，往前往後、從上到下，從各個角度把那個人細細打量。

由此，就可以捕捉到那個人的立體姿態了。

然而現實是，人臉上只有兩隻眼睛，所以就只能像照相機一樣，捕捉到平面的影像。

方才我列舉了盲人的故事，但即便是明眼人，就算是我們正常人，其實也無法捕捉到真正的影像，因為我們只能捕捉到平面的影像。

因此，若將神子的本質固定為一種說法，那也是如此情形。就像是盲人摸象一樣，雖然能說出神子的本質是這樣的或那樣的等等，可以做出各種各樣的評論。但如果要一語道破，將神子本質立體化，卻是非常困難的事。

不過，既然我已經說過，探究神子的本質即是「探究正心」，所以我就必須要對「神子的本質是什麼」，或至少要對「做為神子的屬性、性質」進行解說。

因此，處於「探究正確性」之深處的存在，或者說處於「心的極致」之深處的存在，則要轉向「何謂神」的話題了。透過知道「何謂神」，就能瞭解到做為神子的人的性質。

總之，「心的極致」，即為「神的本質」。處於「神子的本質」之上的，就是「神的本質」。

這就是「何謂神」這個古老的新問題，為什麼會成為宗教和哲學的永恆課題的原因。

4・心的各個階段——從四次元到八次元

那麼，神到底是什麼呢？我在相繼問世的各種靈言集、靈示集當中，對於高次元的存在、多次元世界的存在進行了相當程度地證明。譬如我曾說過，人並非僅是在這個三次元世界當中，寄宿在肉體之舟，每天吃飯、睡覺，然後逐漸年老死去的存在。人的本質是靈魂，而靈魂的中心即是「心」。

「心」就好比是人體之舟的船夫，即便捨棄了肉體之舟，靈魂部分還是會回到四次元以上的靈界。而且，就算是到了靈界，人還會繼續永遠的旅程。

此外，我還曾說過，在靈界當中也存在不同的次元階段，譬如四次元、五次元、六次元、八次元、九次元、十次元等等。

許多人即便是能夠理解靈界的存在，但一旦提及關於次元的內容，還是感到難以信服。當然，這也是語言上的問題。使用古老的語言，稱之為菩薩界和如來界，或者是使用最新的物理學理論用語，稱之為七次元、八次元世界，這種用字遣詞上會有所不同，但所表達的內容是一樣的。

不管換成哪種說法，都在表達一樣的內容，即存在心的階段。這就意味著靈界當中也存在階段差異，這是不可否認的。

換言之，在這個世間，所有人都被拋進了稱為地球的生活場所，就像是擠在大通舖一般龍蛇混雜。但在靈界，卻是條理分明的，各個階段都區分得很清楚。

四次元世界，是剛剛脫離肉體的人們所聚集的地方；對於做為靈的自覺還不夠充分的人們，都住在這裡。此外，做為靈在心中製造了陰霾的人們，則是在四次元世界當中的下層階段打造地獄界。

在地獄界以外的部分，人們雖然沒有那般地迷惑，但是還沒有充分自覺到靈性存在。但我還曾講述過，這些人一旦覺悟到「人不是肉體，而是靈性存在」、「人是精神性的存在」、「人的本性是善」的話，就可以進入五次元世界。

五次元世界，也就是善人界、精神界。五次元的人們，如果能夠進一步瞭解真理，學習關於「神」的內容，並覺悟到「世間以及靈界，都是神所創造的世界。人就是在這當中進行永恆的輪迴轉生、度過著為神奉獻的生活」的話，就可以進入六次元世界。

這個六次元光明界，就是打造自己的世界，且非常接近最高的階段。六次元世界，即是打造自己、打造靈魂，磨練自己、磨練靈魂的地方，是相當接近完成期的人們所聚集的地方。一旦通過六次元世界，到達七次元世界以後，就將從打造自己，進入到探索如何創造他人、引導他人的世界了。因為他們的心已經是如此寬廣了，以前只顧著考慮自己的人們，一旦進入了七次元世界，就會把他人的事當成自己的事看待。

七次元世界的菩薩們，如果上升到八次元世界的話，就不只是將他人的事看成自己的事，而是變成太陽、月亮一般，為世間投射光明的偉大存在，因為他們的心會變得更加寬廣。此時，他們不再是做為一個人，而是開始做為一種神靈的意識、做為高級靈的意識存在。因此，大致從八次元如來界開始，在某種意義上就不再是做為人的存在了。

雖然還具有做為人的個性，但已經出現了人以外的部分，即感覺上已經變成了直接輔佐神的存在。

5．心的極致：九次元和十次元的靈存在

從八次元世界繼續進化到九次元世界，那就是救世主的世界。在

這個世界當中，存在許多歷史上有名的人物，譬如說耶穌基督、釋迦牟尼、摩西，還有沙漠地區被稱為耶和華或阿拉的神等等。

除此之外，三千七、八百年前出生於希臘的藝術、文學之神——宙斯，也住在九次元世界。以摩尼之名聞名的人，也住在這裡，著名的彌勒也在這裡生活。

另外，在科學領域中名氣響亮的牛頓，也住在這個世界，他前世是阿基米德，他還有一個別名叫科德弗米（Kuthumi）。

瑣羅亞斯德（Zoroaster）也住在這裡。瑣羅亞斯德又名查拉圖斯特拉（Zarathustra），就是哲學家尼采在有名的哲學書籍《查拉圖斯特拉如是說》當中講述的主角。瑣羅亞斯德是超人，是英雄，並成為了波斯之神。他是近中東的神，後來轉生為摩尼。

無論是瑣羅亞斯德教或是摩尼教，都是在講述二元論的教義，即講述善與惡的二元論。現在雖然還有一元論、二元論的爭議，但即便是在九次元世界，也有人是使用二元論來指導眾人。如上所述，在九次元當中有著救世主的世界，這是我們都知曉的世界。

此後，在十次元當中，有著更巨大的意識，那即是大日意識、月意識和地球意識這三個偉大的巨大神靈。

所謂「大日意識」，就是為了促進進化的神靈。促進地球上所有生物的進化、陽性方面、動的方面、男性方面的，即為大日意識。

此外，十次元也有陰性意識，即「月意識」。月意識的作用，在於影響能提供滋潤人心的美術、藝術等等，這或許是做為女性靈的最高極致。

另一個是「地球意識」，即稱為地球的球體。這個行星本身的生命體，即有著如此的十次元意識，它是孕育各種動植物的生命體。

如上所述，十次元存在三體。然而在此之上，還存在銀河系意識，或者說太陽系意識。

6・神的本質之一：做為生命能量的光

如此看來，雖然無法明確說出「神即是這種存在」，但可以確定的是，越高次元的存在就越接近於神，而且在那裡有著可以大致推測「神是什麼」的依據。

那麼，看過了高次元世界的靈人、神靈們，接下來就是如何看待神的本質。對此，必須要下定義了。

首先，我們來探討一下「做為神的本質，最不可缺少的元素是什麼？」其一，就是光，這是所有宗教共通的地方。神即是光。那麼，光又是什麼呢？光，即是孕育生命的能量。

那是為了孕育所有生物而存在的能量。如此這般，做為這個地上界，乃至是宇宙的一切生物而存在的生命能量的光，即是神的本質之一。

7．神的本質之二：進步與和諧的目的意識

或許有人會問，神的本質就僅此而已嗎？當然不是，除此之外還有其他本質。那是什麼呢？從另一個側面來看，可以說神的本質隱藏著一個非常巨大的目的意識。這個地球不是偶然地運轉，生物不是偶然地存在，人類也不是偶然地活著。此外，宇宙不是偶然地存在，銀河系也不是偶然地出現。

這其中肯定潛藏著一個巨大的目的意識，那麼，這個目的意識是什麼？神的目的意識是什麼呢？

這就是問題所在，概括起來說，有兩點內容，那即是「進步」與「和諧」。可以確定，宇宙運轉的一個目的是獲得進步。神是希望進步、向上的，這是不可否認的。

此外，另一個目的則是和諧，以大和諧為目標。人類長年以來所追求

的，以及高級靈們所講述的教義，都不外乎是「進步」與「和諧」這兩大原理。正是為了探求「怎麼做才能使人類獲得進步、向上」、「怎麼做才能使各民族、各式各樣的想法、不同膚色的人們，走向和諧之道」，為了調整進步與和諧這兩大原理，所以高級靈才持續講述著「正法真理」的教義。

因此，「神的本質」的第一點，是孕育所有生物、一切生命體的生命能量。

第二點，就是擁有進步與和諧這兩大目的的意識。

8·神的本質之三：創造的能力

「神的本質」的第三點，就是擁有創造的能力；接近於神的人，具有很強的創造力。人可以透過念力，在靈界當中創造形形色色的物體；或者即便是在世間，人也能透過念力實現各種各樣的事物。當「心念」凝聚起來時，可以實現各種各樣的願望，亦可以讓事業獲得成功。在靈界當中，心念可以立刻實現，所以說，靈界的建築物、道路、樹木、山林、以及各式各樣的產出物，全部都是透過念力創造出來的。

此外，越是高級的靈，這種創造的能力就會變得越強。

因此，可以說「終極的神」就是擁有最大創造力的存在。

9．神的本質之四：法則或價值標準

自此，我講述了「神的本質」是生命能量，是追求進步與調和的目的意識，也是創造的能力。然而，神的本質只有這三個嗎？似乎還有其他項目吧！那就是「法則」。「神的本質」的第四點，即是「法則」。

有一個貫穿於這個宇宙、大宇宙、心的世界和四次元以上的精神世界之法則。若符合這個法則，就將朝向神發展；反之，則有著遠離神的價值標準。

這個價值標準，有時稱為善，有時稱為美，還有時稱為真理的真，即所謂的真、善、美，藉此產生了規則、法則，以及價值標準。

因此，我想可以說「神就是規則、法則，以及價值標準」。

10·「探究正心」的極致中有四個發現

以上，我概括性地闡述了神的本質。人以「心的極致」為目標，遂行「對正確性的探究」，那麼最後將抵達何處呢？答案就在這裡。

若想「探究正確性」，首先就要知道「人是擁有永恆生命的能量體」。

第二點，要知道「人生的目的和使命，在於實現全人類、全宇宙的進步與和諧」。

第三點，要知道「人被賦予了跟神一樣的創造性自由、創造的能力。藉此，可以創造、生產出各種各樣的事物」。

第四點，必須知道「正確的價值標準、大宇宙的法則」。這就是答案。

因此，在「心的極致」、「探究正心」的極致當中，有著對自身本質的自覺，即自覺於自己是永恆的生命體、生命能量，並發現進步與調和的原理。此外，要開拓創造力；第四點，就是要獲得、發現宇宙的法則與價值標準。

掌握了這四個項目的時候，人就能夠在自己的心中獲得正確性，而這也就是「心的極致」。

以上即為簡單的說明，這也是本書「心的探究」的結論。

此外，這亦是關於「心的極致」的結論及總論。關於這四項正確性的深入部分，以及相關的個別論述，即對於「在何種場合如何進行思考」的解釋，今後我會當做各種的個案分析，在其他書籍中講述。

後記

本書以「探究做為神子之人的本質」為副標題，從各個角度對於人的「心」的實相進行了理論性的闡述。

我打從心底盼望，各位賢士讀者不僅是通讀本書，還要閱讀其他的真理書籍，並且在各位面臨人生各個階段的種種煩惱時，能夠將本書當做最佳良友、指引手冊、座右銘，常常加以閱讀。

幸福科學總裁　大川隆法

國家圖書館出版品預行編目（CIP）資料

心之探究 / 大川隆法作. -- 初版. -- 臺北市：信實文化行銷, 2013.01
面； 公分 ——（What's being；25）
ISBN：978-986-6620-77-5（平裝）
1. 靈修

192.1 101027812

What' s Being 025

心之探究

作者 大川隆法
譯者 幸福科學經典翻譯小組
總 編 輯 許汝紘
副總編輯 楊文玄
美術編輯 楊詠棠
行銷經理 吳京霖
發行 楊伯江
出版 信實文化行銷有限公司
地址 台北市大安區忠孝東路四段 341 號 11 樓之三
電話 （02）2740-3939
傳真 （02）2777-1413
www.wretch.cc/ blog/ cultuspeak
http://www. cultuspeak.com.tw
E-Mail：cultuspeak@cultuspeak.com.tw
劃撥帳號：50040687 信實文化行銷有限公司

印刷 彩之坊科技股份有限公司
地址 新北市中和區中山路二段 323 號
電話 （02）2243-3233

總 經 銷 聯合發行股份有限公司
地址 新北市新店區寶橋路 235 巷 6 弄 6號 2樓
電話 （02）2917-8022

2013 年 1 月 初版
定價 新台幣 280 元